RANDO PRATIQUE

MW01518118

Randonner avec des
ENFANTS
À LA MONTAGNE & À LA CAMPAGNE

RANDO *éditions*

Merci à Guy Berger pour son soutien, à Jocelyne Lorin et à Sébastien Magrou
pour leurs suggestions et leur documentation

Tous les textes sont de l'auteur, sauf pp. 18 et19 (Règles de sécurité à l'usage des enfants) : Francine Magrou ;
p. 22 (En cas d'accident) : Sébastien Magrou

Les illustrations sont de l'auteur, sauf pp. 40 et 41 : Sabine Rousselot

Les dessins des enfants :
Alice : 101f
Adrien : 14, 17, 73a, 74a, 76d, 81c, 98c, 101ehij
Anne : 70a, 94a, 101a
Sabine : 101g
Louise : 101c

Toutes les photos sont de l'auteur, sauf :
Cécile Gréchez : 29b, 103b
Jocelyne Lorin : 6b, 18, 75b
Adrien Berger : 106a, 118
Guy Berger : 8b, 50c, 99 a
Bernard Magrou : 71c, 77c, 83a, 114bc, 137c
Jean-Baptiste Magrou : 98b, 103c, 104c, 110b
Léonard Magrou : 10a, 39a, 44a, 50b, 82d
Lucie Magrou : 47b
Sébastien Magrou : 91b, 91d, 105c, 110d

Maquette et mise en pages : Jean-Paul Delauney

COMMENT ON MARCHE ?

OBSERVER ET COMPRENDRE

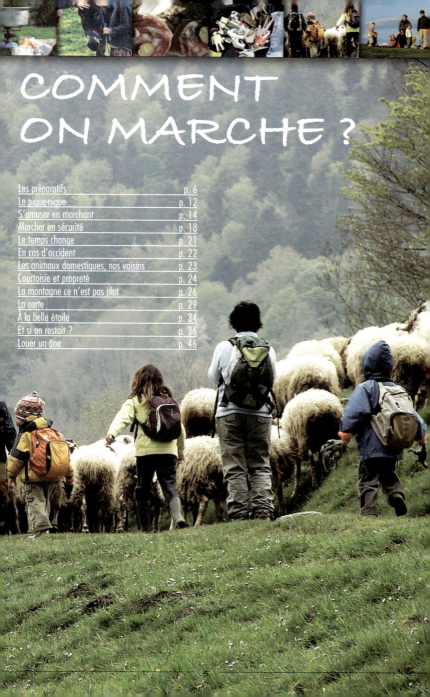

COMMENT ON MARCHE ?

LES PRÉPARATIFS

Si on ne connaît pas la région, le mieux est d'acheter des petits guides de randonnées comme *Les Sentiers d'Émilie*. Il suffit de choisir d'abord la balade la plus facile pour tester notre petit groupe et voir s'il est en mesure de marcher un peu. Emportez éventuellement la carte de la région à l'échelle 1/25 000 ou 1/50 000. Les premières sont plus précises, les secondes couvrent un territoire plus grand.

Prévoyez de partir assez tôt pour avoir le temps de faire tout le parcours, en comptant de bonnes périodes de repos, le temps du pique-nique et un retour tranquille. Pour une balade de deux heures, il faut largement un après-midi entier, parce que les temps de marche indiqués dans les guides ne comprennent pas le temps des arrêts.

COMMENT S'HABILLER ?

Short et T-shirt en été, pantalon et pull au printemps et à l'automne. Les chaussures : de préférence montantes et légères, éventuellement des tennis avec une bonne semelle crantée, en terrain peu accidenté. Chapeau de soleil, lunettes de soleil pour la montagne.

LE SAC À DOS DES ADULTES

Pour chaque personne :
- une polaire ;
- un coupe-vent ;
- une couverture de survie par personne.

Pour le groupe :
- crème solaire ;
- jumelles, appareil photo ;
- le topo-guide, éventuellement la carte ;
- gourdes (un demi-litre par personne pour une demi-

journée et un litre pour une journée, moins pour les petits) ; prévoir large surtout quand il fait chaud ;
- petit goûter : toujours prévoir quelque chose à manger, même pour une balade de deux heures. Les enfants sont sujets à l'hypoglycémie au cours d'un effort et il est bon d'avoir des biscuits, une pomme ou une barre énergétique à proposer ;
- pharmacie comprenant pansements, pansements double peau pour d'éventuelles ampoules, désinfectant, antalgique (paracétamol en dosage pour enfants) ;
- le doudou et les petites affaires des plus petits, vêtements de rechange au cas où ils se mouillent.

LE SAC À DOS DES GRANDS

Les grands sont heureux d'avoir leur propre sac avec leurs affaires, cela permet de réduire le volume de ceux des adultes et ça leur apprend l'autonomie. Choisissez un petit sac adapté au dos des enfants. Il ne faut pas trop les charger, même s'ils se croient «forts», ils ne supportent pas longtemps un sac lourd. Ils peuvent porter leur polaire et coupe-vent, une couverture de survie, une petite bouteille d'eau et quelques jouets.
Surveillez ce qu'ils prennent. Pour un après-midi, inutile d'emporter le coffre à jouets entier, quelques petites voitures, poupées ou personnages suffisent.

Surveillez aussi qu'ils referment bien le bouchon de la bouteille d'eau pour éviter les inondations. Les ados peuvent participer au portage du pique-nique. Prévoyez suffisament de vêtements chauds, la température peut être très différente entre chez vous et votre lieu de balade, le temps peut aussi changer en cours de journée. Il est dommage de devoir écourter la sortie parce qu'on n'est pas assez couvert. Même s'il fait doux chez vous, un bonnet et des gants peuvent être nécessaires en altitude.

Le difficile compromis entre un sac léger et "n'avoir rien oublié" n'est pas évident à trouver au début. En général, on se charge trop...

LES BÉBÉS

Si les habitudes des tout-petits sont maintenues, c'est-à-dire les horaires des repas, le respect des moments habituels de sommeil, il est possible de faire des balades de plusieurs heures. Bien sûr, il est indispensable d'emporter tout ce qui est nécessaire à la préparation des repas et du petit dodo.

Les plus petits vont dormir pendant presque tout le temps, bien au chaud contre le corps de maman ou papa. Au moment des tétées, le reste de la petite troupe profite de l'arrêt pour un goûter, un peu de repos ou des jeux dans le torrent. L'objectif de ces balades-là n'est pas de relier un point à un autre, de parcourir coûte que coûte l'itinéraire d'un guide, mais bien d'aérer la famille, de se détendre dans la nature.

Il est déconseillé d'emmener un tout-petit en haute altitude (au-delà de 1 800 m avant 18 mois). Pour vous rendre en altitude, le trajet en voiture ne doit pas se faire trop rapidement, pensez à faire un petit arrêt en cours de route et au départ de la balade prenez le temps de laisser bébé s'habituer un peu. Au retour, même chose, ne descendez pas trop rapidement. Donnez un biberon pendant le trajet en voiture : la déglutition permet de réduire les problèmes de changement de pression dans les oreilles.

"Kangourou"

Pour porter les plus petits qui ne tiennent pas assis, il existe différents modèles de porte-bébés de style kangourou qui permettent de maintenir le bébé contre la poitrine de l'adulte. En plus de l'avantage du maintien, le bébé profite aussi de la chaleur de l'adulte.

Sac à dos porte-bébé

Dès que bébé tient assis, on peut utiliser un sac à dos porte-bébé qui lui permet d'avoir plus de place pour ses mouvements, il donne aussi plus de confort au porteur alors que son fardeau est plus lourd. Il existe de nombreux modèles, avec plusieurs poches, pare-soleil et pare-pluie amovible, armature dépliable pour poser au sol… Souvent, ils sont un peu lourds, les plus légers de 1,9 kg à 3,7 kg. Plus il y a de gadgets, plus le sac est lourd et cher. Difficile de trouver le juste milieu entre équipement et poids. Privilégiez le confort du bébé évidemment, mais aussi le poids. Imaginez qu'en plus du poids du bébé (autour de 10 kg pour un enfant d'un an), vous aurez à porter celui du porte-bébé et du contenu des multi-poches que vous aurez remplies. Comme avec un bébé, vous ne partez jamais seul en randonnée, ses petites affaires peuvent être portées par vos compagnons de balade. Le pare-soleil/pare-pluie amovible est un accessoire utile : c'est mieux que le bébé ait la tête et le visage à l'ombre que de porter seulement un chapeau.

MARCHER AVEC BÉBÉ SUR LE DOS

Pas de longues étapes, il faut s'arrêter régulièrement. Même dans le meilleur des sièges, bébé ne peut pas rester des heures assis. Il a besoin lui aussi de faire de l'exercice, de gambader, s'il sait marcher ou même seulement de ramper et rouler dans l'herbe.

Pendant toute la durée de la promenade, il faut surveiller constamment si bébé est bien installé, s'il n'a pas le soleil dans la figure et surtout s'il n'a pas froid. Quand on marche, on ne se rend pas toujours bien compte de la température ambiante. On peut être soi-même en T-shirt, alors que le petit immobile a besoin d'une polaire et d'un bonnet.

Pour les repas, emportez ce que bébé mange d'habitude, mais plutôt qu'une soupe maison dans une boîte Thermos, il est préférable d'emmener un réchaud et des repas tout prêts du type petits pots, parce que la soupe maison gardée au chaud pendant des heures peut se transformer en bouillon de culture. Évitez aussi les laitages, s'il fait chaud, même dans une miniglacière encombrante et où il est difficile de maintenir assez de froid. Préférez les compotes en petits pots.

Pour les biberons, ne rien préparer d'avance évidemment, mais une petite boîte avec le lait en poudre, la bouteille d'eau habituelle et un réchaud avec une petite casserole pour réchauffer le biberon au bain-marie. En plein été, il ne sera même pas nécéssaire de chauffer le biberon, la température ambiante maintient l'eau à une chaleur suffisante.

Une bâche ou mieux une couverture de survie renforcée et une couverture en polaire sont utiles pour installer un coin dodo ou un coin détente pour bébé. Il faudra choisir un endroit à l'ombre. N'oubliez pas les doudous et peluches préférées pour reconstituer son petit monde rassurant.

LE PIQUE-NIQUE

« Moi, je ne veux pas de carotte!
- Alors c'est dommage, parce qu'on va jouer au monstre qui veut nous manger. »

Épluchez une carotte ou un concombre ou n'importe quel autre légume, ou prenez un morceau de fromage. Découpez une bête avec une grande bouche, une crête de monstre. Pas besoin de talent de sculpteur, quelques coups de couteau suffisent. Il faut faire vite, les petits attendent. Des yeux, une langue en jambon ou en peau de concombre et voilà notre monstre.

«Attention, il va te manger! Grrrr... Croque dedans vite.»

Celui qui ne voulait pas de carotte ne résiste pas longtemps. Chacun réclame rapidement la sienne.

« Regarde, je lui ai croqué le nez et maintenant je lui mange le dos.
- Tu veux bien lui refaire une bouche ? »

Quelques petites découpes et voilà le monstre reconstitué. Le jeu continue jusqu'à ce que la carotte soit finie.

« Je peux en avoir une autre? »

La liste des monstres et bêtes sculptés dans la nourriture n'est pas limitative, on peut aussi faire des souris radis et même le dauphin banane. Les grands peuvent faire leurs propres monstres. Tous les délires créatifs sont permis à condition de manger son œuvre.

Pour les souris radis: coupez la queue du radis, gardez le bout de racine, faites des yeux avec une pointe de couteau, puis une fente derrière les yeux pour y glisser les oreilles découpées dans un autre radis.

Pour le dauphin banane: faites au couteau un œil de chaque côté, une fente pour la bouche, puis ouvrez la peau de la banane à partir du bas, décollez la peau du dos. Quand on tire doucement dessus, la bouche du daupin s'ouvre et se ferme.

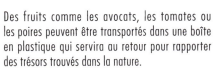

En dehors des classiques chips, saucisson, fromage, jambon, ce n'est pas plus lourd d'emporter des carottes, du concombre, des radis. Le pique-nique sera plus équilibré et cela supporte très bien d'être balloté dans un sac à dos. Pour le dessert, les bananes sont délicates à transporter, alors que pommes et encore plus mandarines et oranges ne craignent pas de se trouver dans le sac du moins soigneux de vos grands.

Des fruits comme les avocats, les tomates ou les poires peuvent être transportés dans une boîte en plastique qui servira au retour pour rapporter des trésors trouvés dans la nature.

Pensez aussi à la petite salade de riz avec tomates, œufs durs dans une boîte en plastique étanche. Dans une autre boîte, on peut aussi mettre des feuilles de salade préalablement lavées pour les ajouter dans les sandwichs.

Le pique-nique ne doit pas être volumineux: inutile d'emmener la glacière encombrante et lourde. Bien souvent, on emporte trop de nourriture.

Placez les boîtes en plastique à plat dans le sac, au cas où elles ne seraient pas tout à fait étanches, sur le côté elles risquent aussi de s'ouvrir.

S'AMUSER EN MARCHANT

Pourquoi se promener ? Le principal moteur pour marcher, c'est **la découverte**, aller de petite bête en jolie fleur. Regarder et s'intéresser : voilà le but de la balade.

Il arrive cependant que l'un de vos enfants vous dise qu'il n'a pas envie de marcher. Plutôt que de le "houspiller", il faut susciter son intérêt. Pour les petits, voir les vaches, aller jouer dans la prairie,

faire une cabane sont des motivations suffisantes. Pour les plus grands, il faudra un objectif comme aller se baigner dans le lac, voir la vallée d'en haut, trouver des cristaux.

Ne commencez pas la balade dès la descente de voiture, laissez vos petits et même les grands s'acclimater au changement d'air et éventuellement d'altitude. Ils ont peut-être déjeuné depuis longtemps, un petit casse-croute avant de partir évitera le coup de pompe. Éloignez-vous du parking ou de la route où vous êtes garés, faites quelques pas sur votre chemin et arrêtez-vous au premier carré d'herbe. Vos petits partiront mieux l'estomac plein, l'engourdissement du trajet se sera dissipé.

Marcher ce n'est pas si simple. Un terrain caillouteux, boueux, un chemin un peu raide, de l'herbe glissante, ça demande un peu d'habitude. Il faut aller lentement, marcher régulièrement. De balade en balade, vous serez étonnés de voir vos petits gagner en assurance et en endurance.

SUIVRE LE BALISAGE

Le petit guide à la tête du groupe et aussi tous les autres sont à l'affut des marques de peinture du balisage.

« *Regardez, c'est par là, il y a une marque sur le caillou !*
- Une autre là-bas. »

Différentes couleurs de balisage existent en fonction du type de sentier où on se promène. Faites bien attention à ne pas suivre n'importe quel balisage. Différents itinéraires peuvent se croiser et en suivant aveuglément un balisage, on peut se retrouver où on n'avait pas prévu d'aller. Quand on utilise un topo, si l'itinéraire est balisé, c'est mentionné en début de description, une phrase du genre : "Vous suivez pendant tout l'itinéraire le balisage rouge et blanc du GR".

Si en cours de balade vous trouvez un balisage, prévenez vos enfants qu'on n'est pas sûr que ce balisage soit le nôtre et qu'il faut vérifier sur la carte ou sur le topo si cet itinéraire correspond bien à celui que nous suivons.

LES CAIRNS

En montagne, souvent le balisage n'est pas fait de peinture, mais de petits tas de cailloux qu'on appelle des cairns. Parfois, ils sont très gros, il y en a aussi de très jolis, souvent le tas est un peu écroulé. On marche de tas de cailloux en tas de cailloux. En passant à côté des cairns, chacun peut rajouter son petit caillou ou remonter ceux écroulés.

« *Vous ne croyez pas que les gens risquent de se perdre, ici ? Et si on faisait un cairn nous aussi ?* »

Heureux de participer et de laisser sa marque dans le paysage, tout le monde s'affaire à trouver les bons cailloux, à les faire tenir en équilibre sans que tout s'écroule.

« *Comme ça, quand nous reviendrons là, nous pourrons revoir nos cairns.* »

Vous serez obligés de tenir votre promesse, vos petits vous le réclameront, il voudront entretenir leurs cairns. C'est une façon de s'approprier un endroit. Finalement, refaire des balades connues

À droite !

C'est pas par là !

C'est par là !

permet de voir les couleurs, les floraisons changer en fonction des saisons.

L'HISTOIRE DE L'ONCLE LÉO

Les petits enfants visualisent mal les distances et le temps qui passe pendant qu'on marche. Pendant toute la balade, on dit qu'on va escalader un bonhomme ou marcher sur son corps couché. Son corps a les proportions de la distance à parcourir. On lui marche sur les pieds quand on descend de la voiture et puis on remonte le long de ses jambes. Nous nous arrêterons pour goûter quand nous arriverons à sa poche, nous chercherons le goûter dedans. Il faut ensuite remonter son pull. L'arrivée, c'est la tête du bonhomme. Nous lui marchons sur le nez, nous sommes presque arrivés, la tête enfin, oh ! il reste un petit bout à marcher, c'était une fille, il faut encore escalader le chou-chou et la queue-de-cheval. S'il y a un caillou dans le pré ou sur la crête, on grimpe sur la petite pointe du béret de papi. Pour revenir, si la balade est en boucle, nous descendrons le long de son autre jambe et ferons d'autres découvertes. La petite colline à escalader en plus, on monte sur le dos du chien.

LE PETIT JEU DU PAYSAGE QUI NE NOUS INTÉRESSE PLUS

Ce jeu-là est à utiliser quand on a épuisé tous les autres, quand on n'a plus envie de marcher, mais que quand même on voudrait bien arriver à notre petit sommet, à la cabane, ou au ruisseau où on rêvait de s'amuser. On décide de ne plus regarder le paysage, de se concentrer sur le chemin uniquement.

« La jolie forêt, je ne veux plus la voir,
le ciel bleu ne m'intéresse pas,
le merveilleux panorama, je l'ignore,
et s'il passait un bel animal, tant pis. »

Marcher, en ne regardant que le chemin. Au bout d'un moment, on s'arrête pour regarder alentour.
« Le paysage est tout différent !
On est beaucoup plus haut que tout à l'heure ! »
Il est possible de recommencer, deux ou trois fois, pas plus.

S'ARRÊTER

Quand on pratique la balade découverte on s'arrête évidemment assez souvent, mais il faut prévoir aussi de vraies pauses pour boire et pour manger. Les enfants sont sujets à l'hypoglycémie (manque de sucre dans le sang) au cours d'un effort. Entre le petit-déjeuner et midi, prévoyez une pause biscuit ou pomme et un goûter l'après-midi. Il est très important de veiller à ce qu'ils ne se déshydratent pas. Il ne faut pas les forcer à boire, mais les solliciter assez fréquemment. Au cours de ces arrêts, quand ils s'assoient, bien veiller à ce qu'ils ne restent pas accroupis ou à genoux parce que «ça fait mal aux jambes» de repartir après avoir gêné la circulation du sang.

Renoncer

Comme l'objectif n'est pas la marche forcée, il faut savoir renoncer. Il était prévu d'aller plus loin, tant pis. La balade ne sera pas gâchée pour autant. Il faut prévoir de garder des forces pour le retour. On trouvera toujours un petit jeu à faire, une nouvelle découverte malgré l'imprévu. Prendre le temps de goûter, de jouer, de construire une cabane. Vous serez étonnés de voir vos petits complètement épuisés, courir dans tous les sens à peine aurez-vous donné le signal de l'arrêt.

MARCHER EN SÉCURITÉ

RÈGLES À L'USAGE DES ENFANTS

On surveille facilement individuellement deux ou trois petits, mais avec des grands, et dès que le groupe est plus important, il est impératif qu'un minimum de règles soient connues et repectées par tous. Elles sont énnoncées dès le départ et sont incontournables. Il sera possible d'autoriser les courses poursuites et les roulades dans un lieu sans danger et délimité : « *Vous pouvez courir jusqu'à la haie et là, vous attendez.* »

Règles de sécurité dictées par Francine, accompagnatrice en montagne, aux classes "découverte du milieu montagnard".
- Être toujours derrière l'adulte qui guide. Il n'est pas possible de laisser vagabonder nos petits qui pourraient arriver avant nous au bord d'une falaise ou de tout autre terrain dangereux. Trop accaparés par leurs jeux, les enfants évaluent mal le danger.

- Écouter les consignes. Expliquez qu'au fur et à mesure de la balade, vous aurez d'autres consignes à leur donner, comme se mettre les uns derrière les autres si le chemin devient étroit, ou passer un par un pour la traversée d'un ruisseau.

- Ne pas s'éloigner du groupe. Même pour faire pipi, il faut toujours demander. Quand on fait une découverte, on la signale et on va voir avec un adulte.

- Ne pas courir

- Ne pas bousculer… et son corollaire, ne pas se battre.

- Ne pas se doubler. C'est la cause de disputes et même de bagarres.

- Ne pas jeter de cailloux.

- On ne jette pas de cailloux, que ce soit avec les mains ou avec les pieds, on ne jette rien, même pas un bout de bois, on ne fait rien rouler dans les pentes. Des pêcheurs, des randonneurs ou des canyonnistes pourraient se trouver dans cette gorge dont on ne voit pas le fond. Même si la pente est douce, un caillou peut aller très loin, prendre de la vitesse et blesser gravement quelqu'un qu'on n'aurait pas vu.

Faites répéter ces règles aux enfants pour être sûr qu'elles ont été entendues et comprises par tous. Veillez aussi à chaque fois à bien vous positionner par rapport au groupe pour être bien vu et entendu. Des consignes hurlées près d'un torrent ne seront pas comprises. Il faut aussi anticiper.

Dans le cadre d'une balade familiale, certaines règles restent incontournables comme «ne pas courir, ne pas s'éloigner du groupe, ne pas jeter de cailloux», mais "être toujours derrière l'adulte" est une consigne plus flexible. L'adulte peut laisser marcher un enfant devant, tout en lui imposant de rester près de lui. C'est gratifiant de se sentir le guide. Il faudra veiller à ce que ce ne soit pas toujours le même pour éviter les disputes.

Le pouvoir magique des pierres

Nous avons dans les montagnes (tous massifs confondus) des cailloux aux pouvoirs magiques surprenants. Chacun prend une pierre à ses pieds et l'approche doucement de son oreille. « Écoutez ! La pierre vous parle : «Jette-moi… jette-moi…» Vous entendez ce chuchottement ? Alors, reposez-la délicatement à vos pieds. Ne succombez pas au pouvoir magique des cailloux.»

RÈGLES À L'USAGE DES PARENTS

- Choisissez un itinéraire adapté aux capacités de votre petit groupe. Les balades escarpées où vous serez obligés de surveiller tout le monde comme le lait sur le feu sont à proscrire.

- Avant de partir, prévenez quelqu'un du lieu de votre balade, ou laissez sur votre voiture un petit mot indiquant où vous êtes allés.

- Évitez absolument de sortir du sentier où d'abandonner le balisage. Le "on va couper par là" est très dangereux si vous n'avez pas la carte ou si ne savez pas bien la lire. En général, les guides de promenade n'indiquent que l'itinéraire et très sommairement la configuration du terrain. Vous risquez de vous retrouver au milieu d'un roncier ou, au pire, au-dessus de barres rocheuses. Si vous avez perdu le tracé balisé, n'insistez pas, vous avez peu de chances de le retrouver en continuant. Revenez sur vos pas jusqu'à la dernière balise, jusqu'au dernier carrefour. Il vaut mieux avouer à vos enfants que vous vous êtes trompés que d'aggraver votre erreur.

- Ne vous engagez jamais sur une pente herbeuse raide. Si l'un de vous glisse, il n'a aucun moyen de se rattraper.

- Ne descendez jamais dans une pente dont vous ne voyez pas le bas. Le bombé de la pente, des broussailles vous cachent le bas, elle se termine peut-être par une falaise.

- N'allez jamais sur la neige dure. Ne grimpez jamais dans les rochers.

- Si, au cours de la balade, le terrain est plus difficile que prévu, que l'un de vos enfants est à la limite de ses possibilités, faites demi-tour.

- Ne laissez jamais un enfant tout seul, même pour un court laps de temps.

LE TEMPS CHANGE

L'**orage** menace. Ne restez pas dans un endroit exposé, c'est-à-dire sur les sommets, les crêtes, les cols, les collines, ni même au milieu d'une grande prairie ou d'une vaste pente, ni bien sûr sous un arbre isolé. Pas de panique, allez tranquillement dans un endroit plus protégé. Dans une combe, un creux ou dans la forêt. Vous ne serez pas à l'abri de la pluie, mais vous serez protégés de la foudre qui est attirée par tout ce qui dépasse. Si vous êtes pris par l'orage en haute montagne, ne vous plaquez pas contre la paroi, évitez les abris sous roche. Il vaut mieux rester dans une pente raide, loin du sommet.

En montagne, on peut se faire surprendre par le **brouillard**. Cela commence par un petit nuage et en quelques minutes on ne voit plus rien. Même par temps clair, restez toujours sur le sentier, ne vous éloignez pas les uns des autres. Si le brouillard arrive, faites demi-tour, tranquillement, sans paniquer.

EN CAS D'ACCIDENT

En balade, et même dans la vie de tous les jours, il est bon d'avoir suivi une formation aux premiers secours, AFPS (attestation de formation aux premiers secours) dispensée par la Croix-Rouge ou les pompiers.

Trois règles à respecter en cas d'accident : Protéger – Alerter – Secourir

Protéger : Se protéger et protéger la victime :

- Éviter le sur-accident.
- Ne pas déplacer la victime, sauf cas particulier de zone à risques (victime dans l'eau, chute de pierres...) ou tout autre cas de risques graves évidents.
- Ne pas s'affoler. Ne pas jouer aux héros.

Alerter : Si la zone de l'accident est couverte par un réseau de téléphone mobile, faire le 112 (numéro unique de secours valable dans toute l'Union européenne), sinon faire prévenir par un des adultes du groupe. Ne pas laisser la victime seule si possible. Ne pas abandonner les enfants sans la surveillance d'un adulte. Les infos à donner :

- Le lieu précis de l'accident : aidez-vous d'une carte ou de repères visuels (paysage, constructions, etc.) ; sinon : l'itinéraire que vous avez emprunté (là où est garée votre voiture, quel chemin vous avez pris, combien de temps vous avez marché, etc.).
- Ce qui s'est passé.
- Le nombre de victimes.
- L'état apparent de ou des victimes, le bilan : plaies, saignement, fracture ? La personne répond ou ne répond pas ? Où a-t-elle mal ? Malaise

Secourir : Même sans être secouriste, vous pouvez agir pour améliorer la situation et le confort de la victime :

- La couvrir (veste, manteau, couverture de survie...) dessus et si possible dessous (pour l'isoler du sol).
- La rassurer.
- Si la victime a une plaie avec un saignement abondant : essayez de le stopper en mettant un linge que vous appliquez fortement (les garrots sont à éviter au maximum !).
- Si la victime est inconsciente (elle ne répond pas) : la mettre sur le côté.

Dans tous les cas, gardez votre sang-froid et votre énergie pour améliorer la situation et non pour la rendre plus compliquée !

À savoir : 112 numéro européen des secours. Vous pouvez composer ce numéro sans avoir ni le code PIN ni une carte SIM dans le mobile. Même si votre téléphone n'indique pas de réception, essayez tout de même ce numéro, car il passe sur tous les réseaux des différents opérateurs.

Pour les petits bobos

En cas de petit bobo comme les petites plaies, on fait comme à la maison : désinfection et protection par un pansement. Pour les ampoules : les percer avec une aiguille désinfectée et les recouvrir d'un petit bout de gaze et de sparadrap, mieux encore les pansements double peau genre Compeed. Si l'un des enfants a une petite entorse, il n'est pas forcément nécessaire d'appeler les secours, les adultes peuvent le porter pour rentrer.

LES ANIMAUX DOMESTIQUES, NOS VOISINS

En plaine ou dans les collines, les troupeaux sont enfermés dans leur pré et il est vivement déconseillé d'y pénétrer. Les vaches sont généralement paisibles, mais il peut y avoir un taureau parmi elles. Vous pouvez affoler les bêtes et risquer d'être bléssé.

Les vaches, les chevaux, les brebis circulent en toute liberté dans les montagne en été. En général, ces bêtes sont plutôt craintives et évitent le contact. Elles ont l'habitude de côtoyer des promeneurs. Il n'y a pas de taureaux, ni d'étalons dans les troupeaux en liberté, c'est interdit.

Il ne faut pas s'approcher des animaux domestiques. Les promeneurs sont souvent tentés d'approcher, de caresser ou de nourrir des chevaux. Ce genre d'imprudence est la cause de graves accidents avec des enfants, tous les ans. Les chevaux sont des animaux émotifs qui peuvent avoir des mouvements brusques, ils peuvent vous bousculer ou ruer et une ruade peut être mortelle. Si vous en nourrissez un, vous allez vous retrouver avec tout un troupeau autour de vous dont vous ne pourrez plus vous débarrasser.

Il est bon de circuler avec un bâton, le simple fait de le lever éloigne la vache curieuse ou dévie le passage d'un troupeau. Les animaux domestiques en ont l'habitude. Si vous n'avez pas de bâton, il suffit de lever les bras, de marcher vers la bête et de parler d'une voix ferme, elle vous cèdera le passage.

Ne vous mettez pas à courir, c'est ce qui peut créer la panique dans le troupeau et des galopades dangereuses.

Quand vous croisez un troupeau, attendez, laissez-le passer, évitez de marcher au milieu des bêtes, sauf si elles sont éloignées les unes des autres. Même si les brebis ne représentent pas de danger par elles-mêmes, vous risquez de les affoler et surtout d'attirer la colère du gros chien de protection.

Donc, avec les animaux domestiques, la règle absolue est de les éviter, sans inquiétude, sans panique. On cohabite, mais à distance.

COURTOISIE ET PROPRETÉ

En période de **chasse**, d'octobre à février, évitez les balades hors sentier au milieu des bois. Soyez le plus possible à découvert et sur les chemins principaux. Faites du bruit pour signaler votre présence. Vos enfants seront ravis de cette recommandation. Des panneaux signalent les battues, mais ils sont posés en début de saison et ne vous renseignent pas sur le fait que la battue est en cours ou non.

Pas de **stationnement** devant les portails ou au milieu des chemins ! Votre voiture garée au départ de la balade ne gêne-t-elle pas le passage des engins agricoles ou des troupeaux ? Si vous gênez le passage sur un chemin ou si vous stationnez devant la porte d'entrée d'un champ, le propriétaire devra attendre que vous reveniez pour continuer son travail. Même si sur ce chemin un panneau interdit l'accès aux véhicules, les éleveurs, les forestiers ou les pompiers ont l'autorisation d'y circuler. Il arrive très souvent que des éleveurs en voiture, sur des chemins interaits, soient insultés par des promeneurs : ils ne se rendent pas compte que l'éleveur qu'ils croisent le fait peut-être tous les jours pour aller voir ses bêtes. Il a encore peut-être plusieurs heures de marche pour rejoindre sa cabane d'altitude et le petit bout de chemin fait en voiture facilite son travail déjà bien pénible.

Refermez les **barrières** après votre passage. Elles empêchent les bêtes de quitter leur pâturage. N'abîmez pas les clôtures en essayant de passer n'importe où.

Tenez votre **chien** en laisse. Même très obéissant, il peut vous échapper et semer la panique dans un troupeau. Il vaut mieux le tenir en laisse, au moins près des habitations et des pâturages. En France, les chiens font plus de dégats sur les troupeaux que les ours et les loups.

Qui peut avoir abandonné ses **ordures** dans un si bel endroit ? Nous ne voulons pas trouver ainsi souillés nos coins chéris, ni ceux que nous découvrons, alors nousmêmes ne laissons rien derrière nous.

Les sacs en plastique qui ont servi à envelopper le pique-nique sont utilisés comme sacs poubelles et on ramasse tout avant de repartir, même les déchets biodégradables comme les peaux d'orange et de banane qui mettent très longtemps à se décomposer.

Dans les endroits peu fréquentés, le gras de jambon peut être caché dans un fourré où un renard le trouvera, les pelures de pomme peuvent être enfouies sous les feuilles mortes, mais mieux vaut ne rien laisser parce que si tout le monde fait cela, les animaux sauvages finissent par ne se nourrir que de déchets, ce qui perturbe leur alimentation normale et leur rôle dans la nature.

L'opération ramassage des ordures avec les enfants peut se faire sous forme de jeu. Nous sommes des Indiens qui ne laissent aucune trace de leur passage. Personne ne doit savoir que nous sommes venus là. Ce jeu est incroyablement efficace, les enfants ramassent tout, même le plus minuscule bout de papier.

Pourquoi ne pas ramasser aussi quelques déchets laissés par d'autres ? Pour éviter de les toucher, il suffit d'utiliser un sac en plastique comme gant ou à défaut un bâton. Cette fois, le jeu est la recherche d'indices. Qui a laissé ces déchets ? En les examinant, nous pouvons retracer le parcours et les habitudes alimentaires des promeneurs indélicats.

Plus dégoûtant encore que les ordures : le tas de papier toilette rose coloré en marron... Nous ne voulons pas laisser aux autres ce même spectacle avec nos déjections, alors ne faisons pas nos besoins n'importe où.

Recette pour les petits besoins discrets : éloignez-vous du sentier, soulevez un caillou, grattez un peu la terre ou la mousse, déposez au fond du trou votre petit besoin ainsi que le papier, remettez la terre et le caillou ou la mousse. Rien ne doit dépasser. Comme pour les ordures, personne ne sait que nous sommes venus là.

Surveillez que vos grands, souvent très pudiques, ne s'éloignent pas trop et ne se retrouvent pas au bord de la falaise. Les petits ne font pas tous seul, il faut les porter, dos contre vous en les tenant sous les genoux.

Commune de Bilhères-en-Ossau
Secteur de Las Bordes-Crambots

Vous entrez dans le monde du pastoralisme et de la forêt.

Ici, le berger, le forestier et la faune sauvage vivent ensemble et se respectent.

Le berger et le forestier ont besoin de la piste.
La faune sauvage a besoin de tranquillité.

Pour respecter leur entente, soyez discrets.

Institution Patrimoniale du Haut-Béarn

LA MONTAGNE CE N'EST PAS PLAT

« Elle va être longue, notre balade ? Combien de kilomètres ? » C'est la question que posent presque tous les enfants et même de nombreux adultes. En plaine, il est logique de compter en kilomètres. Quand le terrain est accidenté, on ne compte pas en kilomètres. Pourquoi ? Il faut tenir compte de la pente. Si la pente est très raide, la balade est beaucoup plus difficile que sur le plat. Il faudra donc plus de temps pour parcourir la même **distance**.

C'est la même distance sur la carte, mais on remarque qu'en montagne le chemin est en réalité plus long. ce serait très compliqué d'évaluer sur la carte la distance qu'on parcourt réellement quand on monte et qu'on descend.

1500 m -1150 m = 350 m
Pour aller du parking à la cabane, il faudra
s'élever de 350 m : c'est le dénivelé de notre
balade. Si on allait jusqu'au sommet on aurait
250 m de dénivelé à faire en plus et 600 m
au total.

Cabane 1500 m

Dénivelée

Parking : 1150 m

Dans les topo-guides, c'est le nombre d'heures de marche qui permet d'estimer la longueur d'une balade. C'est l'auteur du guide qui évalue ce temps en ayant parcouru lui-même l'itinéraire. Ces temps sont donnés de façon assez large pour tenir compte de la disparité des niveaux des personnes. Les plus sportifs réaliseront de meilleurs temps, mais si vous êtes avec des petits enfants, il vous faudra plus de temps que celui mentionné. Dans ce cas, il faut toujours prévoir très large : au moins deux fois le temps donné par l'auteur pour la marche et en plus de larges plages de repos.

Une autre notion est souvent mentionnée dans les topo-guides : le **dénivelé**. C'est la différence d'altitude entre un point bas, celui du départ de notre balade, et un point haut, celui de l'arrivée. On utilise la notion de dénivelé positif quand on monte et de dénivelé négatif quand on descend. Plus il est important et plus la promenade est difficile et longue.

Comment mesure-t-on l'altitude ? On utilise un altimètre. Quand on fait une promenade sur un large chemin ou qu'on suit les indications d'un topo-guide, un altimètre n'est pas très utile, mais c'est intéressant avec des enfants de se situer sur la carte grâce à l'altimètre. Où je me trouve sur le sentier ? Quelle distance ai-je déjà parcourue ? Que me reste-t-il à faire pour arriver en haut ?

L'altimètre, comme un baromètre, mesure la pression atmosphérique, c'est-à-dire le poids de l'air sur nous. La pression atmosphérique est de plus en plus faible quand on s'élève en altitude parce que l'épaisseur de la couche d'air est de plus en plus faible. La pression atmosphérique se mesure en hectopascals. Si la pression est de 1 015 hPa au niveau de la mer, à 2 000 m elle est de 885 hPa. L'altimètre convertit automatiquement la pression en hauteur.

Quand on reste longtemps au même endroit, l'altitude marquée par l'altimètre peut changer. On regarde le soir au refuge, par exemple 1 500 m, le lendemain matin on a 1 580 m. « *Le refuge ne s'est pas déplacé pendant la nuit, quand même !* » L'explication est que le temps change. Si on s'est élevé en altitude, c'est que la pression a diminué et qu'il risque de faire mauvais temps. Si l'altimètre marque le matin 1 450 m, la pression a augmenté comme si on était descendu, on va vers le beau temps. En général, quand il fait beau, la pression est élevée, c'est l'anticylone ; quand il fait mauvais, la pression baisse, il y a une dépression.

Il faut étalonner l'altimètre à chaque départ de balade : on regarde l'altitude du départ sur la carte et on règle l'altimètre à cette altitude. Au cours de la balade, quand on arrive à un point remarquable mentionné sur la carte, on peut vérifier l'altimètre et le régler à nouveau.

LA CARTE

Pour la balade en France, les bonnes cartes sont celles de l'IGN (Institut géographique national). Elles sont à l'échelle 1/25 000, c'est-à-dire que 250 m sur le terrain correspondent à 1 cm sur la carte ou que 1 km sur le terrain correspond à 4 cm sur la carte. Regarder la carte, c'est déjà partir en voyage : on imagine le tracé, on s'invente des **parcours.** On peut même montrer la carte aux petits. *« Tu vois, on a pris cette cette route* (le petit peut suivre le tracé avec son doigt). *Ici, c'est le parking où on a laissé la voiture, là c'est le petit chemin, on voit aussi le ruisseau. »*

Avec les grands, on peut rentrer dans les détails : *« Tu vois, il faudra faire attention, là, juste après le pont, il faut qu'on prenne le chemin de gauche. Tu nous y fera penser ? »* Ils deviennent acteurs, ils sont associés au projet et donc s'y intéressent d'avantage.

Avec les enfants de tous âges, il faut juste montrer, inciter, ne rien exiger. On se rend vite compte si ça ne les intéresse pas et là ce n'est pas la peine d'insister. Parler de ce qu'on fait, où on va, sortir la carte devant lui, et le petit qui l'année passée regardait notre agitation d'un œil distrait va subitement poser des questions, demander des explications. C'est quoi, les **courbes de niveau ?** Ce sont les lignes orange qui entourent les montagnes sur la carte. Ces lignes imaginaires rejoignent les isobats, c'est-à-dire tous les points qui sont à la même altitude. Si on suivait une de ces lignes, on marcherait toujours à plat sans jamais monter ni descendre.

Sur les cartes au 1/25 000, les courbes de niveau sont espacées de 10 m en hauteur sur le terrain. Quand on monte de l'une à celle au-dessus, on s'élève de 10 m. En comptant les courbes de niveau, on peut voir de quelle hauteur il faut s'élever (quelle dénivelé) pour arriver en haut de notre sommet.

En regardant les courbes de niveau sur la carte, on peut aussi se rendre compte de la configuration du terrain. Plus les courbes sont rapprochées et plus la pente est raide, plus les courbes sont éloignées et plus la pente est douce.

Lequel des deux est le plus fort ? On dirait que la pente qu'ils ont montée est de la même longueur, non ? Pas du tout. Le petit bonhomme à la voiture rouge a fait une balade beaucoup plus difficile que le petit bonhomme à la voiture bleue. Pourquoi ?

D'abord la pente de gauche est beaucoup plus raide parce que les courbes de niveau sont très rapprochées. Comptons les courbes de niveau : à gauche 23 ; comme chaque courbe est espacée de 10 m sur le terrain, le petit bonhomme à la voiture rouge est monté de 230 m. À droite 7, le petit bonhomme à la voiture bleue n'est monté que de 70 m.

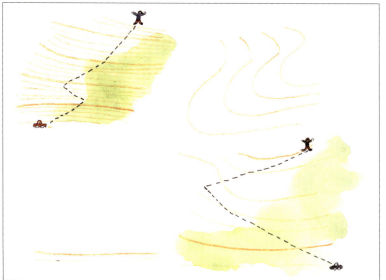

Trois montagnes vues de dessus. Les courbes de niveau visualisent leur forme. Qu'est-ce qui différencie ces trois montagnes au même diamètre ?

La montagne de gauche est beaucoup plus haute que les autres : 140 m. La pente est très raide, alors les courbes de niveau sont très rapprochées sur la carte.

Celle du milieu est haute de 50 m. Les courbes sont plus rapprochées à gauche parce que la pente y est plus raide.

Celle de droite est une colline de 30 m de haut, la pente et douce donc les courbes sont très espacées.

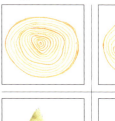

Que voit-on quand on regarde la carte ? Les routes, les chemins, les villages, les cours d'eau, les rochers, les forêts, les sources, les cabanes… *« Tu vois comme elle est petite notre cabane sur la carte, on voit aussi le ruisseau, la petite forêt où nous allions chercher le bois. »*

Beaucoup de choses écrites aussi : l'altitude des sommets, leurs noms, les noms des ruisseaux et des vallées. On dirait aussi que la carte est en relief parce que certains côtés des montagnes ont été ombrés. L'impression de relief est donnée aussi par les courbes de niveaux.

Un jeu pour les grands en promenade sur le plateau. Nous regardons **la carte et le paysage.** Par quelle route sommes-nous arrivés ? Où est l'abreuvoir que je vois sur la carte ? La grange devant laquelle nous avons pique-niqué, où est-elle ?

Je me promène et je regarde autour de moi, je vois :

Zone humide et ruisseau au pied de la montagne

Le ruisseau tortueux

La pointe avec les deux bosquets, un grand et un petit

Rochers, grange et piste

La montagne pointue avec la petite forêt

La large colline

L'abreuvoir

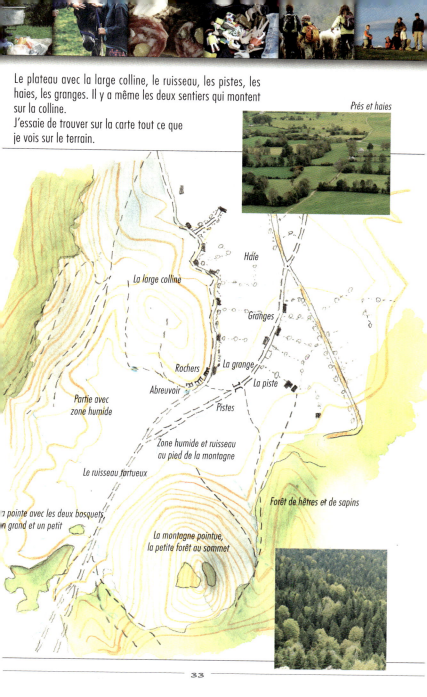

Le plateau avec la large colline, le ruisseau, les pistes, les haies, les granges. Il y a même les deux sentiers qui montent sur la colline.

J'essaie de trouver sur la carte tout ce que je vois sur le terrain.

Prés et haies

Haie

La large colline

Granges

Rochers

Abreuvoir

La grange

La piste

Partie avec zone humide

Pistes

Zone humide et ruisseau au pied de la montagne

Le ruisseau tortueux

Forêt de hêtres et de sapins

a pointe avec les deux bosquets, n grand et un petit

La montagne pointue, la petite forêt au sommet

À LA BELLE ÉTOILE

La première fois, pas besoin d'aller loin. On peut essayer dans le jardin ou dans la campagne pas trop loin de la voiture. On met une grande bâche par terre, des tapis de sol, et chacun s'installe dans son duvet. On rabat la bâche sur les duvets pour s'abriter de la rosée.

J'ai un souvenir de nuit à la belle étoile dans le jardin avec nos enfants, une pluie d'étoiles filantes était prévue. Le ciel était nuageux, pas d'étoiles filantes. Tout le monde commençait à s'impatienter. Les grues se sont mises à passer, d'importants vols de gues qu'on ne voyait pas dans le noir. C'était la migration. Nous sommes restés allongés, silencieux à écouter les grues passer.

Pour la belle étoile loin de chez soi, il faut quand même emmener la tente. Au cas où il pleuve, au cas où certains aient peur. Il ne faut obliger personne. En plaine, évitez de vous installer près de l'eau à cause des moustiques. En montagne, les endroits dégagés qui gardent une légère brise n'ont généralement pas de moustiques, même près d'un lac.

La belle étoile, c'est une expérience merveilleuse à essayer. On suit le déplacement des étoiles pendant la nuit. Il faut l'admettre, on ne dort pas d'une traite. On se réveille souvent : « *Tiens, la Grande Ourse est derrière la colline maintenant, elle a tourné depuis tout à l'heure.*
- Tu ne dors pas toi non plus ? »
On discute à voix basse sans se voir. Douce torpeur au chaud dans son duvet, les mots s'espacent. On se rendort sous les étoiles et dans le souffle léger de la brise. Au petit matin, le ciel blanchit, le paysage deviens perceptible, on voudrait faire durer le lever du jour et le rosissement du ciel.

ET SI ON RESTAIT ?

Et si on ne rentrait pas à la maison ! Et si on profitait plus longtemps de notre petit ruisseau et de la grande prairie pour jouer. Rester, ne pas avoir à se presser pour rentrer, profiter des longues journées d'été, regarder la nuit tomber, se réveiller avec le chant des oiseaux...

C'est bon d'avoir le temps, tout un week-end ou même plusieurs jours. Avec des enfants, cela peut paraître compliqué, mais les moments partagés sont tellement intenses que l'entreprise mérite un peu de peine. En fait, ce n'est pas plus difficile à préparer qu'un pique-nique, il faut juste un peu d'organisation.

On peut décider de passer la nuit en **refuge** (possible uniquement dans les montagnes) ou sous la tente.

Les refuges gardés, c'est pratique parce que les repas sont proposés, on ne porte ni son toit, ni son repas. L'inconvénient majeur avec des enfants, c'est que les refuges sont bondés en été (il faut téléphoner pour réserver sa place), ils sont donc bruyants et pas très intimes pour les soirées en famille. Ils peuvent être agréables pour les week-ends d'automne.

Il existe aussi des refuges non gardés, où vous trouvez des lits, un poêle, une partie de la batterie de cuisine, pas besoin de réserver, mais vous risquez de vous y retrouver avec d'autres gens. C'est parfois sympatique, d'autres fois c'est contraignant. Dans certains massifs, les cabanes de berger restent ouvertes aux promeneurs, elles sont utilisables quand le berger n'y est pas.

Il est possible aussi de camper avec nos petits. Dans ce cas, les sacs sont plus lourds, mais c'est l'autonomie totale. On peut s'installer où on veut (presque). Les enfants adorent les cabanes et les tentes, on installe son petit univers, on joue presque à la dînette.

Avec des enfants de huit à dix ans, il est possible d'organiser un campement itinérant de deux ou trois jours. La grande balade du guide qui nous paraissait longue et qu'on avait envie de faire, pourquoi ne pas la prévoir sur deux jours ? Comme ça, on aurait largement le temps d'en profiter.

Dans le refuge, la cabane ou sous la tente, c'est l'aventure, on est des explorateurs, les Indiens dans leur tipi, des chercheurs d'or, ou... Le quotidien est bousculé, rien n'est comme à la maison, on apprend à se débrouiller tout seul : à devenir autonome. Monter la tente, ranger ses petites affaires, manger au chaud dans son duvet, écouter la petite histoire du soir, se laver les dents à l'abreuvoir ou dans le ruisseau, dessiner dans la cabane.

LES RÈGLES À RESPECTER POUR CAMPER

Le camping sauvage n'est pas autorisé partout. Dans la campagne ou même dans les forêts qui sont souvent des propriétés privées, il faut demander au propriétaire l'autorisation de camper, même pour une seule nuit.

Dans la montagne, loin de toute habitation, il est en général autorisé de camper. Veillez tout de même à vous installer loin des routes. Dans les parcs nationaux, on a le droit de camper à une distance d'une heure de marche de tout accès automobile et ceci pour une nuit seulement. Il n'est pas autorisé d'installer un campement pour plusieurs jours. On doit démonter sa tente pour la journée. Il est aussi interdit d'allumer du feu. Dans les endroits peu fréquentés, si vous démontez votre tente dans la journée, plusieurs nuits passées au même endroit sont tolérées.

Que ce soit en refuge ou sous la tente, il faut toujours aller dans un endroit que vous connaissez,

un endroit repéré depuis longtemps. Passer des heures à chercher le coin idéal alors que la petite troupe est affamée et fatiguée, planter la tente n'importe où, en catastrophe à la nuit tombée, ou ralier le refuge en marche forcée… et le sympatique séjour prend la tournure d'un cauchemar. Il faut savoir à l'avance quelle distance on aura à parcourir pour avoir le temps d'arriver et de s'installer tranquillement. Il n'est pas nécessaire d'aller très loin, l'essentiel c'est d'être parti. Une heure de marche pour s'éloigner des accès routiers comme le prévoient les parc nationaux suffit largement.

Où installer son petit campement ?

L'endroit idéal n'est :
- pas au sommet d'une colline ou d'une montagne, pas sous un gros arbre isolé à cause d'un éventuel orage
- pas trop près d'une grosse rivière qui fait trop de bruit et qui pourrait monter s'il pleut
- pas dans une pente avec des accidents de terrain dangereux pour les enfants.

C'est :
- un joli replat, avec de l'ombre, éventuellement proche d'un petit cours d'eau, ou bénéficiant d'une jolie vue
- un endroit où on s'est dit : « *J'adorerais me réveiller là* ».

La proximité d'une source d'eau potable est un plus indéniable, cela évite d'avoir à porter de l'eau, alors qu'on est déjà bien chargé, ou les longs trajets jusqu'à la source la plus proche.

Quand on part plusieurs jours, la plus grande difficulté est de ne pas trop se charger et surtout ne pas trop charger les enfants pour que la balade reste un plaisir. Pour être sûre de ne rien oublier et d'acheter tout ce qu'il faut, je fais des listes : liste du ravitaillement à acheter, liste du matériel à emporter,

liste des vêtements pour les enfants. Je coche mes listes au fur et à mesure de l'avancement des préparatifs, je mets à jour, j'en refais d'autres.

Dans le sac des adultes
Matériel collectif. La tente.
Prévoir une tente légère avec une abside suffisante pour ranger les sacs le soir. Mieux qu'une grande tente, plusieurs petites c'est plus léger et c'est plus facile à répartir parmi les porteurs. Les grands sont ravis de partager une tente avec la cousine préférée, le petit frère ou le meilleur copain. Un bébé peut tenir avec ses parents dans une tente deux places ou trois places (mieux car le petit va grandir). Une tente deux places ne doit pas peser plus de 2,5 kg, le mieux c'est 2 kg pour 2 places, 3 kg pour 3 places.

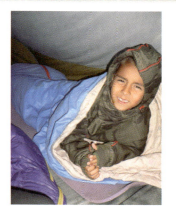

Le réchaud : un petit, à gaz genre Camping Gaz ou Coleman utilisable avec différentes tailles de cartouches. Prévoir deux réchauds si la famille est grande. Une grande casserole, éventuellement deux avec poignée amovible.
Une outre à eau ou un jerrycan souple à transporter vide et à remplir à une source pour avoir une plus grande réserve d'eau que celle des gourdes seules.
Petit savon de Marseille (le moins polluant) pour la toilette de toute la famille et pour la vaisselle
Tube de dentifrice, crème solaire
Une éponge avec un côté gratteur
Allumettes ou briquet (kit feu)
Papier toilette + éventuellement papier essuie-tout

Matériel individuel
Le duvet (le sien et celui des petits) ne doit pas être trop léger, les nuits peuvent être fraîches en été, surtout en montagne.
Un matelas (le sien et celui des petits) est utile pour le confort et s'isoler du sol froid. Les matelas mousse ont l'avantage d'être très légers et peu chers.

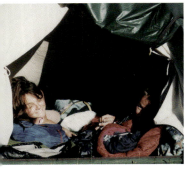

Il existe des matelas auto-gonflants très confortables, mais un peu chers quand on doit équiper toute une famille.

Une lampe frontale chacun.

Vaisselle : assiette et bol en plastique, cuillère, fourchette, couteau.

Gourde avec assez d'eau pour soi et pour les petits pour le temps du trajet.

Minitrousse de toilette : brosse à dents, minidéodorant, petite serviette de toilette, minisavon et minidentifrice si on n'a pas opté pour le collectif.

Vêtements de rechange et chauds pour le soir : coupe-vent, polaire chaude, pantalon, un slip et un T-shirt, sandales pour le soir éventuellement.

Ne pas oublier la carte et le topo-guide comme pour les balades de journée. On pourra alléger en ne prenant pas les guides d'identification des fleurs ou des animaux.

Le sac à dos de Léa (le sac d'une grande)
À quel âge est-on grand ? Vers dix ans peut-être.

Être grand en randonnée, c'est quand on peut porter son duvet soi-même. C'est d'un coup un important gain de place dans le sac à dos des adultes. Il faut se dire aussi que moins on charge les enfants et plus la distance parcourue peut être grande. Alors, il ne faut pas trop les inciter à porter et à être grand trop tôt.

Les grands préparent leur sac eux-mêmes. La difficulté est de limiter le poids. Les gros jeux, la trousse de toilette complète avec le gel douche, la grosse brosse à cheveux, chacun son gros dentifrice, plus de mignons débardeurs que de jours en balade…

C'est difficile de leur dire qu'un tube de dentifrice et un savon pour toute

la famille suffit, qu'un drap de bain, c'est lourd et encombrant.

Pour éviter les excès et les oublis, je leur dresse une liste ludique avec des dessins. Il peuvent la faire eux-mêmes, on négocie. Pour ne rien oublier, on part des pieds : chaussures, chaussettes, short, pantalon pour le soir... Après plusieurs fois, ils se rendent compte de l'intérêt à ne pas trop se charger et deviennent les champions de la chasse au poids inutile. Mettre une balance à leur disposition pour peser leur sac et ce qu'il contient leur permet de mieux visualiser, ça devient un jeu. Il faut quand même vérifier leur sac, pour être sûr qu'ils n'oublient rien. Attention aux suppressions-rajouts de dernière minute !

Le sac à dos de Clément

(le sac d'un petit)

Les petits à partir de 4 ans environ aiment bien porter leurs petites affaires. Leur choisir un sac à dos pour enfant, pas un grand sac, c'est juste pour ses jouets et les affaires les plus précieuses. Un sac de 10 l suffit largement.

une petite bouteille d'eau

de quoi dessiner (un bloc et un crayon)

un doudou

de petits jouets

contes et légendes

un livre d'histoires

une lampe frontale

un bol et une cuillère

En marchant, si le petit se lasse de porter son sac, un parent peut l'accrocher au sien. Le soir ou lors des périodes de repos le petit pourra trimballer ses affaires sans rien perdre.

Que mettre dans le sac ? Sa peluche préférée évidemment, il la réclamera le soir. Des petites poupées ou bonshommes genre Playmobil et quelques petites voitures.

Pour dessiner : un petit bloc de papier, des mini-crayons. Un livre léger pour raconter une histoire le soir, celui avec l'histoire préférée ou le nouveau qu'on n'a pas encore lu.

Les petits aiment aussi porter leur dînette personnelle : un bol en plastique, des petits couverts. On

peut ajouter une petite bouteille d'eau d'environ 30 cl, pour faire comme les grands à la pause.

Surtout ne pas oublier sa lampe frontale, objet particulièrement rassurant le soir. Ne pas se dire qu'une seule suffit pour lui et pour vous. Avec la sienne, le petit pourra continuer à jouer à la nuit tombée sans risquer de trébucher sur une branche ou un caillou. Autre avantage très appréciable : vous savez toujours où il est. Vous pouvez suivre de loin ses allées et venues grâce au faisceau de sa lampe.

Entre le sac du "grand" qui porte toutes ses affaires personnelles et celui du petit qui porte quelques bricoles, il y a des possibilités intermédiaires pour le "moyen" qui pourra porter une partie de ses affaires comme son gros pull ou son matelas roulé.

Quand on part pour deux ou plusieurs jours, le mieux est de prévoir des menus **repas** par repas, cela évite les oublis et permet de mieux gérer la quantité. Pour ne pas être trop chargé, il ne faut pas dépasser 1 kg de nourriture par jour et par personne. Cela semble peu, mais on y arrive sans se priver, il faut juste faire la chasse au poids inutile. Si vous emportez une boîte de haricots verts, c'est dommage de porter l'eau qu'elle contient et que vous allez jeter quand vous l'ouvrirez. On évite les boîtes de conserve, mais on ne peut pas les bannir complètement. Le lyophilisé est cher, il est possible de trouver de très bons aliments plus sympas à préparer.

Les bons aliments légers

Sucres lents pour le soir. Les plus légers sont les aliments secs, ils permettent de ne pas lésiner sur les sucres lents indispensables en période d'effort.
- sachets de couscous (individuels pour les gros mangeurs, sinon prévoir un pour deux, on les met à gonfler quelques minutes dans l'eau bouillante) ;
- riz 5 min (on chauffe et on laisse gonfler dans la casserole) ;

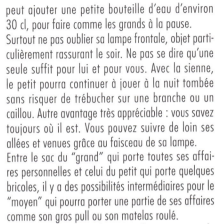

- pâtes à cuisson rapide (3 min, ne pas oublier d'emporter un peu de sel) ;
- sachets individuels de purée (j'ai fait une marque dans un bol en plastique pour la quantité de liquide à mettre, cela évite d'emporter le doseur).
Pour varier les goûts et améliorer le plat, prévoir des petits sachets de sauce, du gruyère râpé ou un petit oignon à faire revenir.
- sachets de soupe minute (bon moyen de se réhydrater).

Ne pas garder les emballages en carton : mettre la quantité nécessaire dans des sacs à congélation fermés par un nœud (ils sont étanches et légers).

Protéines. Le premier soir on peut emporter des grillades comme des saucisses, ensuite il faut du non périssable. 1/4 de jambon emballé sous vide, un peu lourd mais bonne solution protéines. Pour la viande on échappe difficilement aux conserves comme une petite boîte de confit de porc.

Desserts
- les flans sans cuisson en sachets (les enfants sont ravis de le préparer eux-mêmes)
- briques de comptote ou berlingots individuels, berlingots de crème Mont Blanc.

Pour les pique-niques de midi : pain, fromage, charcuterie, carottes, concombre, pommes, oranges et mandarines.

Goûter : biscuits, gâteaux, berlingots de compote, pommes, mandarines…

Petit déjeûner : lait en poudre, sachets de thé et de café soluble, céréales, confiture, pain. Pas de beurre en été !

Ranger le ravitaillement dans des sacs en plastique, un sac par repas. Le sac petit déjeû-

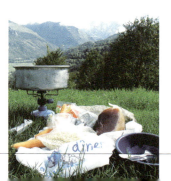

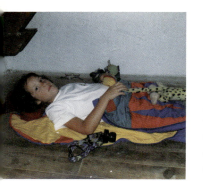

ner, le sac repas de midi jour 1, repas de midi jour 2, repas du soir jour 1… Cette organisation permet, au moment des repas, de ne pas avoir à chercher chaque chose :

« C'est toi qui portait les carottes ?

- Mais non, tu te rappelles, elles sont avec le chocolat.

- Et les biscuits du goûter ? Je croyais qu'on les avait mis dans le sac rose. »

On ouvre tous les sacs à chaque repas, on cherche, on farfouille, on s'énerve.

Pour les grignotages aux arrêts, préparez un sac de mélange de fruits secs comme abricots, bananes, pommes sèches avec noisettes, amandes, dattes… Chacun fait en fonction des goûts de la famille, mais il est important de prévoir ces petits plus à proposer à nos grands marcheurs.

Quand la distance à parcourir n'est pas trop longue, il est possible de faire deux voyages pour porter toutes les affaires nécessaires à l'endroit choisi pour camper. Les enfants ne chargent dans leur sac que leurs petites affaires, ils laissent ce qui est lourd dans la voiture. Les adultes chargent leur sac avec les tentes et le pique-nique ou le goûter. Arrivés sur les lieux, tout le monde peut s'installer, manger, aller jouer. On monte les tentes pour la sieste des petits et plusieurs adultes repartent chercher ce qui a été laissé dans la voiture ; un ou deux restent avec les enfants. Ce système suppose suffisament d'adultes, il n'est pas envisageable pour une famille seule. Pour le retour, il est souvent possible de tout redescendre en un seul voyage, parce que la nourriture ayant été consommée les sacs vont être moins lourds.

DÉPOSE DE MATÉRIEL ET DE NOURRITURE.

On cache sur place, quelques jours avant, les tentes, les duvets, la batterie de cuisine (réchaud, assiettes, couverts, casserole…), une partie de la nourriture non périssable. Il faut prévoir un endroit

pas trop éloigné pour être sûr que la petite troupe, le jour venu, aura la forme suffisante pour aller jusque là. Aller sur place avant d'emmener les enfants permet aussi de bien reconnaître le terrain pour ne pas avoir à trop improviser le jour venu. On peut cacher ses affaires parmi de gros blocs de rochers ou dans la forêt, au pied d'une souche à l'écart du chemin. Évitez les sacs de

couleurs trop voyantes (le mieux : les sacs poubelles noirs, étanches et discrets) et couvrez la cache de branches mortes. Ne mélangez pas dans les sacs duvets et batterie de cuisine qui a tendance à crever le plastique. Pour protéger les choses plus fragiles ou périssables comme du riz des pâtes, des biscuits, vous pouvez utiliser une grande boîte étanche genre Tupperware ou Curver. Mettez des grosses pierres dessus pour qu'un animal ne puisse pas l'ouvrir. Les rongeurs sauvages ne s'attaquent normalement pas à une boîte en plastique si vous ne la laissez pas trop longtemps. Évitez absolument d'y mettre toute denrée carnée comme jambon ou saucisson. Les renards, les martres et même des chiens vont les trouver, et eux sont capables de s'acharner sur votre emballage. Les boîtes de conserve peuvent être d'un grand intérêt : elles sont étanches aux intempéries et aux attaques des animaux.

Si vous avez peur que des gens trouvent votre cache, écrivez sur une feuille, dans une poche en plastique transparent scotchée sur un sac, que c'est une dépose faite pour un campement avec des enfants et qu'il est vital pour vous de tout retrouver le soir venu avec vos petits.

Pour un campement itinérant, il est possible de faire plusieurs caches le long du parcours.

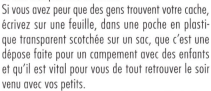

LOUER UN ÂNE

C'est possible dans de nombreux endroits en France. C'est une expérience inoubliable pour les enfants et une bonne solution pour porter ce qui est lourd. La balade prend une autre dimension, celle de la relation privilégiée entre l'animal et l'enfant. Il est possible de partir plusieurs jours, pour du camping itinérant ou juste pour un week-end.

Le loueur vous montre comment bâter et placer votre chargement. Il vous explique comment guider l'âne. Ces ânes sont habitués aux enfants, ils sont très doux et très dociles. Il n'est pas nécessaire d'avoir l'expérience, on apprend vite, ce n'est pas compliqué. Le lieu de votre balade sera imposé par le lieu de la location. Un circuit facile est en général indiqué par le loueur.

On ne marche pas de la même façon avec un âne. Les petits pensent moins à la marche, ils sont attentifs à l'animal. Il faut lui laisser le temps de brouter, trouver de l'eau pour qu'il puisse boire, lui donner des friandises d'âne comme des carottes ou de l'avoine, surveiller que ses sangles ne le blessent pas. Tout le monde connaît rapidement ses chardons préférés et apprend qu'il n'aime pas du tout se mouiller les pieds. Un âne, ce n'est pas comme un chien qui gambade autour de nous : il participe à la vie de la famille en portant notre charge.

OBSERVER ET COMPRENDRE

DANS LA NATURE

L'air pur, de l'espace pour jouer, courir, toucher, sentir, voir. Les fleurs, le vol des oiseaux, la fuite du renard, le souffle du vent, le bruissement des feuilles, le chant des grillons, le carillon des troupeaux, les vapeurs des nuages, le parfum de la terre ou du serpolet quand on marche dessus, la chaleur des pierres, le rugueux des écorces, le velouté des feuilles, le gazon moelleux, l'eau froide du torrent. Il suffit de regarder et de sentir…

Collectionner des pierres trésors, de drôles de bouts de bois. Allongé sur un sommet, regarder les nuages à travers les herbes folles. Apprendre à se débrouiller tout seul, porter ses petites affaires, s'inventer des mondes pour jouer. Apprendre des choses aussi simples que boire l'eau fraîche d'une source, cueillir les fruits de la nature ou allumer un petit feu avec papa.

Des découvertes à chercher dans les livres pour donner leur nom aux fleurs et aux insectes, regarder vivre les petites bêtes, essayer de comprendre…

Le paysage est tellement changeant. Nous étions dans la forêt et nous voilà dans d'immenses prairies. Est-ce que le paysage a toujours été comme il est maintenant ? Pourquoi n'y a-t-il plus d'arbres ? Y a-t-il une logique à tout ça ? Pourquoi trouve-t-on cette fleur ici et pas là ? Que fait cet insecte sur la plante ? Les troupeaux, pourquoi montent-ils si haut dans la montagne ? Que font les animaux quand tout est recouvert de neige ?

Et si le paysage, les arbres, les rochers, les fleurs n'étaient pas seulement beaux.
Et si ce monde si paisible était le théâtre d'une lutte sans merci.
Et si on essayait d'observer et de comprendre.
Et si on s'asseyait dans l'herbe pour se raconter les histoires de la nature, les histoires vraies et celles qu'on invente.

ÇA SENT BON

Œillet de Montpellier

« *Tiens, ça sent bon ici ! Qu'est-ce qui peut être aussi parfumé ? »*
On se penche, on renifle, on rit.
« *Ce n'est pas ça, c'est peut-être cette fleur...*
- Ah non ! Elle ne sent rien celle là.
- Venez voir ! C'est cette petite fleur rose. »
On marche de fleur en fleur, c'est à celui qui trouvera la plus parfumée.
« *J'ai marché sur quelque chose qui sent très bon, mais ça n'a pas de fleur.*
- C'est du serpollet, ce sont ses feuilles qui sont parfumées. »

Serpollet

Menthe

Le jeu, c'est de toucher les feuilles. On frotte ses mains sur la plante.
« Sentez ma main comme elle sent bon ! »

On peut se parfumer les mains avec plusieurs plantes : le thym et le serpollet, la marjolaine, la menthe… On prend quelques feuilles et on les frotte entre ses paumes. Ce sont les parfums des petits sauvages.

Il y a aussi des parfums plus diffus comme celui de la terre, l'humus dans la forêt, l'eau stagnante, l'odeur de champignon, les pins chauffés par le soleil, l'odeur des troupeaux. Pas facile de démêler les senteurs de la nature.

Thym

Origan

Daphné camélé

DOUX, PAS DOUX

Rosette de molène

La rosette de la molène est très douce. Les poils doux, c'est pour empêcher que la plante transpire trop et qu'elle se dessèche. De nombreuses plantes des endroits secs et chauds sont velues.

Les chardons sont très piquants, c'est pour que les herbivores ne les mangent pas. Manque de chance pour eux, les ânes les aiment beaucoup. Si je touche juste l'intérieur de la fleur, c'est doux. Il faut faire attention à ne pas toucher les piquants autour.

« Ne touche pas, c'est sale ; ne touche pas, c'est du poison ; ne touche pas, ça pique… »

Fleur de chardon

Rosette de chardon

Mousse

Peu de choses sont vraiment sales dans la nature, beaucoup moins qu'en ville. Toucher la terre, la boue, les plantes, la mousse sont des expériences agréables à faire. Ensuite, il faudra juste se laver les mains. C'est un des jeux préférés des petits.

La feuille de l'orme et celle du noisetier se ressemblent beaucoup, mais au toucher, elles sont très différentes : celle de l'orme est rêche, celle du noisetier est douce.

La mousse est douce et humide.
Ce bourdon a l'air doux, mais lui, je ne peux pas le toucher. Si je l'embête, il va me piquer.
La laine du mouton est douce, la tache bleue sur son dos, c'est la marque de son propriétaire.
Les graines du pissenlit font une tête toute douce. Chaque graine est un petit parachute que le vent emportera vers d'autres prés.

Feuille de noisetier

Feuille d'orme de montagne

Bourdon

Laine de mouton

Pissenlit

LES ÉCORCES ET...

Les **écorces** sont souvent rugueuses, celle du chêne est craquelée, celle du bouleau est douce, lisse, elle se décolle un peu comme du papier. Chaque arbre a une écorce différente. Quand ils n'ont pas de feuilles, on peut les différencier grâce à elle. Pour certains, c'est très facile. Celle du bouleau est blanche, celle du hêtre est grise et fine, celle du merisier est rougeâtre avec des lignes horizontales.

Bouleau blanc

Saule des chêvres

Orme de montagne

Merisier

Chêne pédonculé

Lichen sur pin sylvestre

Sapin

N'abîmez pas l'écorce des arbres, même si en surface elle est morte. Juste dessous se trouvent de longs tuyaux, les vaisseaux où circule la sève : le sang de l'arbre. Le bois, au milieu du tronc et des branches, n'est pas vivant, il sert de soutien. Il est constitué de tous les vaisseaux morts des années précédentes. Tous les ans les arbres en fabriquent une nouvelle couche sous l'écorce. Sur un arbre coupé, si on compte les couches (les cernes), on peut connaître son âge.

Lierre sur un chêne

Chataîgnier

Hêtre

Sapin et reste de balisage

Noisetier

Frêne élevér

Mélèze

... LES FEUILLES Si on ramassait une feuille de chaque arbre de la forêt, on ferait...

Hêtre

Chêne

Bouleau

Merisier

Orme de montagne

Tilleul

Noisetier

Érable champêtre

Frêne élévé

Aulne

Érable sycomore

Saule

Mélèze

Sapin

LES ESCARGOTS

Voilà l'escargot des bois. Tous sont différents, le joli dessin de leur coquille est unique, un peu comme nos empreintes digitales.

« Et si on faisait une collection d'escargots. Pas pour les garder, mais juste pour les voir. On ne leur fera pas de mal. »

Petit jeu, uniquement possible par temps humide et bien sûr pas en plein hiver alors que les escargots sont cachés.

« Regarde le mien comme il est beau !
- Le mien est plus gros.
- Celui-là n'est pas de la même espèce, c'est le petit-gris.
- Petit-gris ? Mais il est plus gros que l'autre.
- C'est son nom, il s'appelle aussi Helix aspersa.
- C'est joli Helix.
- C'est à cause de ce nom qu'on appelle hélicide un produit pour tuer les escargots et héliciculture l'élevage des escargots.
- Regardez, j'ai même trouvé son bébé !
- Sa coquille est translucide et très fragile. »

Chacun rapporte sa récolte qu'il pose sur les cailloux. On attend que les escargots sortent pour les regarder se déplacer.

« Quand je touche son antenne, il la rentre, c'est rigolo.

- Ses yeux sont au bout des antennes.

- L'escargot des bois et le petit-gris sont copains ? Ils ne se battent pas ?

- Il existe des escargots carnivores, mais ceux-là se nourrissent de plantes, ils ne se battent avec personne. Ils sont même bien démunis face à leurs prédateurs malgré leur coquille.

- Qu'est-ce que c'est cette petite bête qui vient voir l'escargot ?

- Celle-là est très méchante pour l'escargot, elle vient le dévorer dans sa coquille. C'est le bébé vert luisant. Nous aimons les verts luisants parce que c'est bien joli leur petite lumière dans la nuit de l'été, mais l'escargot, lui, ne l'aime pas du tout, c'est un de ses prédateurs.

- Regardez, tous ces escargots cassés, ici…

- C'est l'enclume de la grive. Comme elle a du mal à casser les coquilles, elle les prend avec son bec et les cogne sur le caillou jusqu'à ce qu'ils se cassent. Les hérissons aussi se nourrissent d'escargots.

- Les pauvres !

- Les escargots se reproduisent en grand nombre et on serait envahi si on les laissait tous vivre. Ils dévoreraient toutes les plantes et on n'aurait plus rien à manger. C'est pour cela qu'il faut protéger les hérissons et les grives. C'est mieux que d'utiliser les granulés bleus hélicides pour les tuer. »

Larve du ver luisant mangeant l'escargot

L'enclume de la grive

LES PETITES BÊTES

Il est très difficile de montrer aux petits enfants les mammifères et les oiseaux. Leur passage est trop fugitif et on les voit souvent de trop loin. Les petits, plus près du sol que nous, remarquent en revanche la moindre bestiole dans l'herbe ou entre les cailloux. Souvent ce sont eux qui nous les montrent.

« Regarde la petite bête.

- La petite bête ? Où ça ? Mais elle est minuscule. » Et on se retrouve tous accroupis à suivre les pérégrinations d'un minuscule insecte qu'on aurait pu écraser si notre petit ne nous l'avait pas montré. Les insectes peuvent accaparer l'attention des petits pendant de longs moments.

« Elle est rigolote, cette chenille. Regarde comment elle avance.

- Il ne faut pas la toucher parce que ses poils peuvent nous donner des boutons.

- Elle est méchante alors ?

- Mais non, c'est juste pour ne pas qu'on la touche.

- Pourquoi elle est en boule maintenant, la chenille ?

- Elle a peur, elle ne veut plus qu'on l'embête.

- Je ne veux pas lui faire mal !

- Elle ne le sait pas. Tu imagines comme elle est petite. Tu es un géant pour elle. Une chenille c'est aussi un enfant, c'est un bébé papillon... »

On peut raconter le cocon, la chrysalide, les ailes qui vont pousser. Adapter la longueur de l'histoire en fonction de l'âge et de la demande.

Grande sauterelle verte

« Qu'est-ce qu'il fait sur la fleur, le papillon ?
- Il suce le nectar des fleurs, c'est une minuscule
goutte de jus sucré au fond de chaque fleur. »
Si le papillon reste sur la fleur, on peut montrer la
longue trompe du papillon qui lui sert à pomper le
nectar.

Quand on trouve des coccinelles, c'est merveilleux.
On peut les prendre délicatement, les faire marcher
sur nos mains et nos bras, les passer aux copines ou
aux cousins.

Lucine

Les sauterelles et les criquets, on peut jouer à les
faire sauter en mettant le doigt sur le bout des
ailes.
« Regarde, la mienne a sauté plus loin que la
tienne ! »

Ces jeux peuvent être l'occasion d'enseigner aux
enfants le respect et la responsabilité que nous
avons vis-à-vis des êtres plus faibles que nous.
« Fais attention, elle est très fragile, la petite coccinelle, il faut la prendre très délicatement, sinon tu
vas lui faire mal.
- Mais maman, elle n'a pas pleuré.
- Les coccinelles ne pleurent pas comme nous.
Peut-être que dans sa langue de coccinelle, elle te
demande d'arrêter de lui faire mal, mais nous ne
comprenons pas la langue des coccinelles. Tu sais
que si on te tire les bras ou qu'on t'écrase le ventre,
ça te fait mal. »

Coccinelle à 7 points

Pour les plus grands, on peut introduire quelques
notions **d'écologie.**
« Qui a fait tous ces trous dans la grande feuille
d'adénostyles ? Regardons de plus près.
- Il y a des petites bêtes bleues !
- C'est lui, le petit scarabée bleu qui fait ce joli décou-
page dans les feuilles. Il s'appelle oreina, il fait

Oreina

Zygène turquoise

partie de la grande famille des chrysomèles, une famille de scarabées aux jolies couleurs métalisées. La couleur vive d'oreina, c'est pour signaler à ses prédateurs qu'il peut se défendre avec des produits chimiques. Oreina lance des boules puantes.

- Des boules puantes ?

- Eh oui, oreina projette sur ses agresseurs des produits chimiques puants pour se défendre si on l'attaque. Les grandes feuilles d'adénostyles sont ses feuilles préférées, oreina reste toute sa vie près de sa plante. C'est en mangeant les feuilles qu'il absorbe les produits chimiques contenus dans la plante : ça ne l'empoisonne pas et la plante n'est pas trop gênée par les trous qu'il fait dans ses feuilles. »

Le papillon petite tortue ou Aglaïs urticae

D'autres insectes peuvent avoir des couleurs métalisées comme les voitures, celui-là c'est le zygène turquoise.

Beaucoup aussi, comme oreina, ne vivent que sur une espèce ou une famille de plantes.

Le papillon petite tortue pond ses œufs sur les orties. Son nom latin, c'est Aglaïs urticae, ça veut dire Aglaïs de l'ortie. Il pond sur cette plante parce qu'il sait que les chenilles, quand elles vont sortir de leur œuf, trouveront leur nourriture préférée. Imagine ce qui se passe quand on détruit les orties dans les jardins, les prairies, sur les talus.

« Les chenilles meurent, le papillon n'a plus d'endroit pour pondre.

- Et ce beau papillon disparaît. »

On peut observer beaucoup d'autres insectes dans la nature. Le nombre d'espèces européennes est gigantesque et il est très difficile de toutes les connaître. Avoir un

Le paon de jour

Zygène sur panicaut de Bourgat

guide sur les insectes permet de chercher au moins les plus remarquables et d'apprendre un peu de leur histoire. Pas la peine de l'emmener dans le sac à dos, il suffit de l'avoir dans la voiture ou à la maison. On fait une photo ou un petit croquis dans son carnet de terrain, pour chercher ensuite son nom. Ça prolonge le plaisir de la balade.

« Tu as vu le beau papillon que nous avons observé tout à l'heure, son nom c'est…

- Tu ne crois pas que c'est plutôt celui à côté, il était plus rouge le nôtre.

- On va chercher sur Internet, il y aura peut-être des photos. »

Bien sûr, on ne peut pas faire ça pour tous les insectes, cela finirait par être lassant. L'essentiel est de regarder, d'essayer de comprendre comment ils vivent, de se demander comment ils se nourrissent. Comprendre, connaître, s'émerveiller, c'est déjà respecter.

Chenilles du papillon petite tortue sur une ortie

LES MONDES PARALLÈLES

« Qu'est-ce que c'est toutes ces petites bêtes sur la plante ?

- Ça, c'est un troupeau de pucerons.

- Un troupeau ? Tu dis ça parce qu'ils sont très nombreux ?

- Pas seulement, c'est aussi parce que c'est un vrai troupeau avec un berger.

- Et qui c'est, le berger ?

- Regarde bien, il y a une autre petite bête qui se promène sur la plante.

- Une fourmi ! Il y a des fourmis aussi sur la plante. Les fourmis ne tuent pas les pucerons ?

- Non, elles ne les tuent pas, elles les élèvent comme nous le faisons avec les vaches ou les brebis. »

Les pucerons sont de très petits insectes qui piquent les plantes pour se nourrir de leur sève (leur sang). Ce sont des parasites des plantes. Ils produisent un liquide sucré qu'on appelle le miellat. Les fourmis aiment tout ce qui est sucré. Elles n'attaquent pas les pucerons pour leur prendre. Elles traient les pucerons, comme nous trayons les vaches pour leur prendre leur lait. Quand elles leur tapottent l'arrière, les pucerons émettent une goutte de miellat que les fourmis peuvent boire. C'est comme ça qu'elles se nourrissent.

Le loup coccinelle

Comme les troupeaux de brebis sont parfois attaqués par des ours ou des loups, les pucerons ont aussi un terrible prédateur : c'est la coccinelle. La coccinelle se nourrit de pucerons. Quand elle est adulte, elle n'en mange pas beaucoup, mais quand elle est jeune, une larve de coccinelle elle en dévore des quantités. Ce monde minuscule est un peu comme le nôtre où nous serions les fourmis, où les pucerons seraient nos vaches et où les coccinelles seraient des loups.

Pour observer ce petit monde, prend une loupe, regarde comme les pucerons sont jolis, il en existe des verts et des noirs. Cherche la fourmi berger, elle n'est jamais loin. On dirait un extraterrestre. La jolie coccinelle paraît bien terrible quand elle est grossie. Imagine comme elle nous ferait peur si nous avions la taille d'un puceron.

Un troupeau de pucerons

Les pucerons peuvent être très nombreux sur une plante, et quand ils sont nombreux à la piquer, la plante s'affaiblit parce que les pucerons prélèvent trop de sève. Les feuilles se recroquevillent et la plante peut mourir.

Le berger fourmi
Encore plus terrible : le monstre volant, la mésange nonnette

Les coccinelles et les oiseaux qui se nourrissent de pucerons sont très utiles dans la nature : ils évitent leur prolifération. Il y a un équilibre parce que tous les pucerons ne sont pas tués, leur population est juste limitée.

Quand un champ est envahi de pucerons, l'agriculteur utilise des produits chimiques : des insecticides pour les tuer. Ils ne tuent pas que les pucerons, mais tous les insectes du champ, les fourmis, les coccinelles, les abeilles… Les oiseaux n'ont plus rien à manger.

Il existe une autre solution pour lutter contre l'envahissement des pucerons. On élève des coccinelles et on les lâche dans le champ. Les coccinelles vont manger beaucoup de pucerons sans tout détruire : on appelle cela la lutte biologique.
Toi aussi, tu peux essayer : cherche des coccinelles et mets-les sur la plante envahie de pucerons. Observe ce qui se passe. Tu pourras peut-être voir la coccinelle en manger quelques-uns.

LES PLUMES

Buse

Les plumes sont l'indice de la présence des oiseaux. Le plus souvent, le propriétaire de la plume perdue est difficile à identifier. Ces plumes nous donnent quelques indices qu'il faut essayer de voir. La taille donne déjà une indication précieuse : petites plumes pour les passereaux, grandes plumes pour les rapaces ou les échassiers.

L'endroit où on les trouve est déterminant : le reposoir d'une chouette, la proximité d'une carcasse pour des plumes de vautours, l'emplacement d'un nid, le pied d'une falaise.

Des grandes plumes un peu rayées viennent de rapaces diurnes, mais celles de plusieurs espèces peuvent se ressembler. Certaines plumes sont très caractéristiques comme celles de l'aile du geai, rayées de bleu et de noir.

Celles des oiseaux de nuit sont particulièrement douces pour un vol silencieux. Entre les hiboux et les chouettes sombres, c'est très difficile de s'y retrouver. Pour la chouette effraie, c'est facile : c'est le seul oiseau de nuit roux et blanc.

Coq de bruyère

Crave

Vautour

Traquet et grand Duc

Geai

Vautour

D'autres plumes sont impossibles à déterminer, même pour des spécialistes, comme celles des oiseaux marins qui sont très nombreux à être blancs. Il faudrait l'analyse génétique pour y arriver.

Même si on ne trouve pas le nom du propriétaire, c'était déjà amusant de tenter de cerner le genre d'oiseau qui a laissé tomber sa plume.

Autrefois, on pouvait ramasser toutes ces plumes et faire de jolies collections. Aujoud'hui, avec l'apparition de la grippe aviaire, même si les cas d'oiseaux malades ont été très peu nombreux, il est déconseillé de toucher les plumes.

Chouette effraie

Pic épeiche

LES TRACES ET LES CROTTES D'ANIMAUX SAUVAGES

De grandes traces dans la neige, de loin presque des traces d'homme. Trop larges pour des pieds humains, trop petites pour des raquettes. Des pas avec des empreintes de griffes. L'ours est venu. Il a traversé le petit cirque d'une crête à l'autre. Que faisait-il là, si haut dans la montagne en ce début de printemps ?

Dans la boue du bord de l'eau, des marques de sabots, des petits sabots à deux pointes, ceux d'un chevreuil, des pattes d'oiseaux, les petites griffes d'une belette, des empreintes de grenouilles ou de crapaud tout près de l'eau. Que de monde près de cette mare. Même si nous ne les voyons pas toutes, ces bêtes sont là. Elles sont passées à un moment au même endroit que nous. Quand on est attentif, qu'on regarde par terre, on voit que la forêt est habitée. Les animaux se cachent souvent dans la journée, mais il suffit de regarder la neige ou la boue pour lire leur histoire.

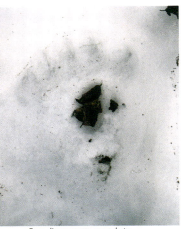

Trace d'ours : patte avant droite

Dire aux enfants : *"Tiens, une trace de sanglier"* ce n'est pas suffisant.
Que faisait-il là, ce sanglier ? Où allait-il ? Où est-il maintenant ?
Lire les traces c'est comme une enquête, on racone une histoire.
« *Le gros sanglier est passé là au lever du jour...*
- Pourquoi, tu dis au lever du jour ?
- Parce qu'il n'aime pas se promener au soleil, il fait trop chaud en ce moment.
- Je sais, il est venu boire. Il y a des traces près du ruisseau.
- C'était une famille ! Il y en a plein, des petites, des grosses.
Ce matin, tout le monde a mangé...

Sanglier

- Ils mangent quoi les sangliers ?
- De l'herbe, des bulbes de plantes, des racines, parfois des souris, en fait n'importe quoi.
- Regardez, on dirait que quelqu'un a bêché la prairie. Quel ravage !
- C'est là qu'ils ont fait leur repas. Les sangliers retournent la terre avec leur nez pour chercher les petits bulbes et les racines.
- Où sont-ils maintenant ?
- Ils sont cachés quelque part, au frais, vautrés dans la terre.
- Si on suit les traces, on peut trouver où ils sont.
- C'est une très mauvaise idée. Les sangliers ne sont pas méchants, ils fuient les humains mais si on les dérange, ils vont être furieux, et alors ils peuvent devenir dangereux. Laissons-les tranquilles ».

Marmotte

Occupées à leurs travaux de printemps, les petites marmottes vont et viennent autour des terriers, la neige n'a pas encore fondu partout. Sur les bords des névés, elles ont laissé leurs empreintes.

Traces de marmotte

Trace de sanglier (parfois les petites pointes de derrière ne marquent pas quand la terre est dure)

Les sangliers ont cherché leur nourriture dans la pelouse d'altitude

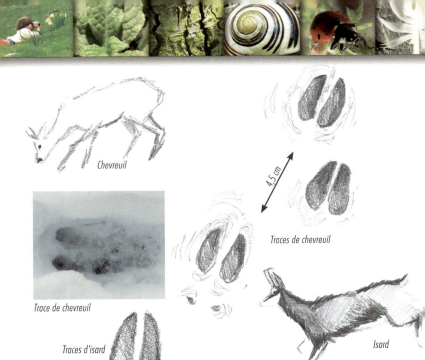

Chevreuil

Traces de chevreuil

Trace de chevreuil

Isard

Traces d'isard

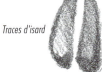

Traces d'isard
sur terrain mou

Traces d'isard

Crottes d'isard

Les sabots à deux doigts des **isards** et **chamois** laissent des traces qui ressemblent à celles des moutons. Plus étroits que ceux des moutons, ils sont très écartés en terrain mou. Les sabots sont caoutchouteux et très indépendants l'un de l'autre pour une meilleure adhérence dans les rochers. Dans la boue profonde et la neige, deux pointes, qu'on appelle gardes, peuvent être visibles à l'arrière de la trace. Les crottes aussi ressemblent à celles des moutons, elles sont plus petites et plutôt marron, celles des moutons sont noires. On les trouve groupées sur des vires et terrasses d'altitude.

Le **chevreuil** a les plus petites traces de sabots à deux doigts, on les trouve dans les forêts et les champs. Comme pour les chamois, les pointes des troisième et quatrième doigts sont visibles quand le terrain est très mou ou dans la neige.

Les traces de **renard** ressemblent à celles du chien, elles sont plus étroites. Tirez un trait imaginaire (ou utilisez une brindille) reliant les deux griffes extérieures : pour le chien, le trait coupe les deux coussinets du milieu, pour le renard le trait passe en dessous.
Les renards parcourent de longues distances à la recherche de nourriture et sur la neige en hiver, on ne peut pas rater leurs longues pistes qui se croisent et se recroisent. Les crottes sont presque toujours sur un caillou pour marquer son territoire. C'est pour que les animaux de la montagne et les autres renards sachent que là, c'est chez lui.

Renard

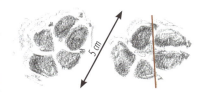

5 cm

Trace de chien

Traces de renard

Crottes de renard

Lagopède

Le **lagopède alpin**, c'est la petite perdrix des neiges qu'on trouve dans les hautes montagnes. Ses pattes emplumées font des traces épaisses dans la neige. Ses crottes sont sèches, cylindriques, avec une petite tache blanche à une extrémité.

Ce **lièvre** se déplaçait lentement parce que quand il galope, ses pattes arrière se posent devant les pattes avant. Le lièvre peut faire des bonds énormes. Les crottes sont des petites billes allongées et brillantes.

Les traces du **blaireau** sont presque les mêmes que celles des ours, mais en miniature. Contrairement à la plupart des animaux qui marchent sur la pointe des pattes, lui pose le talon comme le font les humains et les ours. Le blaireau, c'est un animal rigolo. Parfois, il fait tellement de bruit, tout occupé qu'il est à gratter et à ronchonner, qu'il ne vous entend pas arriver. On peut même le voir en plein jour. Si vous trouvez une crotte au fond d'un trou ouvert, c'est celle du blaireau. Comme le renard, il creuse des terriers, les siens sont énormes avec plusieurs entrées et beaucoup de terre remuée.

Traces de lagopède

La **martre**, carnivore mange aussi des baies. Comme le renard, elle fait ses crottes sur les gros cailloux pour marquer son territoire.

Crottes de lagopède

Crottes de martre

Martre

Lièvre

Crottes de lièvre

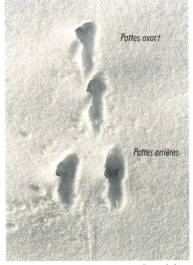

Pattes avant

Pattes arrières

Traces de lièvre

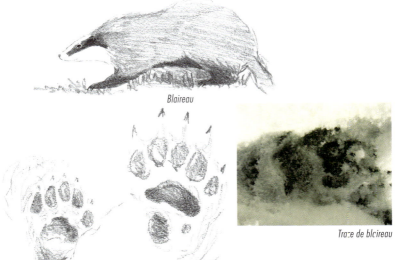

Blaireau

Trace de blaireau

Traces de blaireau

Bouse de vache

Trace de vache

Bouse de vache

Crottin de cheval

Trace de cheval

LES TRACES ET LES CROTTES D'ANIMAUX DOMESTIQUES

Les traces de mouton, on en voit presque toujours plusieurs parce les moutons se déplacent en troupeau.

Les traces des ânes sont un peu comme celles des chevaux, plus petites et ovales.

Les traces des chevaux, on ne peut pas les confondre avec d'autres, surtout quand le cheval est ferré. La trace en photo est celle d'un cheval sans fers. Ces chevaux qui ne marchent que dans l'herbe des prairies n'en ont pas besoin.

Les traces de vaches sont grandes, on peut éventuellement les confondre avec celles des cerfs. On les trouve aux abords des prairies et comme pour les moutons, il y en a généralement plusieurs.

Trace d'âne

Trace de brebis

Crottes de mouton

AUTRES INDICES DE PRÉSENCE

La façon de consommer les fruits donne des indices sur l'identité du consommateur.

De gauche à droite : trou de petite chenille, noisettes cassées par un oiseau et noisette grignotée par un mulot

Un petit papillon pond ses œufs dans la noisette en la piquant quand elle est encore jeune et molle. Quand la petite chenille sort de son œuf, elle trouve dans la noisette toute la nourriture qu'il lui faut pour grandir. Elle creuse un trou dans la coquille quand elle veut sortir.

Les mésanges et les sitelles ramassent les noisettes, elles les bloquent dans leurs pattes et réussissent à les casser à force de coups de bec. La sitelle coince aussi les noisettes dans des fentes des écorces pour mieux les immobiliser.

La dernière noisette présente un trou bien net sur le côté, celle-là n'a pas été cassée, mais grignotée par les petites dents d'un mulot. L'écureuil grignote les écailles des cônes de pin, pas pour les manger, mais pour dégager les graines dont ils se nourrissent.

Les troncs des arbres morts sont souvent percés de trous, parfois très gros. Ils sont l'œuvre des pics qui cherchent dans le bois mort des larves d'insectes. Les petits trous bien ronds sont les trous de sortie des insectes devenus adultes.

Grand pic noir

Sitelle

Ceci n'est pas une crotte, c'est une pelote de réjection. Les rapaces avalent souvent d'un coup leurs petites proies. Ils ne peuvent pas digérer les os, les griffes, les becs, les élytres des insectes ou les poils qui s'agglomèrent dans leur estomac sous forme d'une pelote. L'oiseau rejette ensuite la pelote par le bec. On trouve parfois des pelotes de réjection sous les arbres ou au pied des poteaux où les rapaces ont l'habitude de se tenir. Les pelotes de réjection sont toutes différentes en fonction des rapaces qui les produisent et grâce à elles on peut identifier leur propriétaire. C'est bien pratique pour les rapaces nocturnes pas toujours faciles à voir. En examinant les os qui se trouvent à l'intérieur, on peut aussi apprendre quel est le régime alimentaire de l'oiseau.

Pelote de réjection de chouette chevêche

Celle-ci est une pelote de réjection d'une chouette chevêche. C'est une petite chouette d'environ 25 cm de haut, avec les yeux jaunes.

Chouette chevêche

Cônes de pin maritime grignotés par un écureuil

L'ÉTANG ET LA SOURCE

Un **étang**, le bord d'un ruisseau, un lac de montagne sont un but de choix pour nos petits et grands. S'amuser dans l'eau et observer les petites bêtes aquatiques, voilà le programme.

Une libellule passe. Difficile de l'approcher et de la voir de près. Dans la vase du bord de l'eau, il y a des larves de libellules. C'est le bébé libellule qui ne vole pas, il vit dans l'eau. Les libellules se nourrissent de toutes sortes d'insectes. Leurs larves mangent des larves qui vivent dans l'eau comme celles des moustiques. La libellule est un insecte très utile.

Libellule et sa larve

Chez les insectes et chez batraciens, c'est-à-dire les grenouilles, les salamandres et les tritons, les jeunes ne ressemblent pas aux adultes. Le têtard, c'est la larve de la grenouille. Ses pattes arrière poussent en premier, ensuite les pattes avant, puis la petite grenouille perd sa queue et sort de l'eau. À ce moment, elle est capable de respirer dans l'air.

Têtards

Les tritons sont aussi des têtards quand ils sont jeunes, mais ils ne perdent pas leur queue quand ils deviennent adultes. Au printemps, la femelle triton pond ses œufs sur des plantes aquatiques, elle les protège en repliant les feuilles sur eux. Trois à quatre semaines plus tard, les œufs éclosent. À la fin de l'été, les têtards se métamorphosent en adultes. Ils sortent de l'eau et se réfugient sous les feuilles ou sous les cailloux, pas très loin de la mare où ils sont nés, ils y passent l'hiver. En montagne, les tritons hivernent dans l'eau.

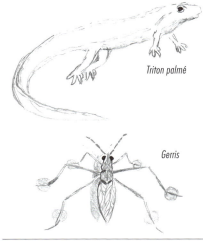

Triton palmé

Gerris

Vous connaissez l'insecte qui marche sur l'eau ? C'est le gerris. Le bout de ses pattes est huilé, comme ça, il ne peut pas couler. Il préfère l'eau calme des mares, évidemment il n'aime pas les vagues qui l'emporteraient.

Des couronnes d'herbes pour jouer aux monstres aquatiques

Comment fabriquer un piège à petits poissons avec une bouteille en plastique ? Coupez le haut et emboîtez-le dans le bas, le goulot à l'intérieur. Quelques miettes dedans et dans l'eau pour attirer les poissons. Placez la bouteille dans l'eau, près du bord. Attendez que plusieurs poissons entrent et retirez de l'eau. Après l'observation, ouvrez la bouteille et remettez-les dans l'eau sans attendre. Ne la laissez pas traîner au soleil, pleine de poissons. Quand l'eau se réchauffe, ils meurent.

SÉCURITÉ

Ne laissez pas des petits jouer près d'un torrent ou d'une rivière avec du courant. À la moindre inattention de votre part, il peuvent être emportés. Il faut choisir les eaux calmes d'un étang, d'un lac ou d'un ruisseau en période de basses eaux. Dans un lac, la baignade doit se faire avec des adultes (plusieurs) dans l'eau avec les enfants. Il faut leur interdire de s'éloigner du bord ou des adultes.

Chercher une **source**, savoir où trouver l'eau potable, c'est redevenir un peu sauvage, c'est partager avec ses enfants un plaisir primitif, un savoir presque magique.

Les petits poissons attrapés dans les bouteilles

Avec un récipient troué attaché à un bout de bois, attendre que les poissons viennent manger le pain et surtout avoir les réflexes rapides.

Dans la forêt humide du bord se cache une jolie salamandre.

La grenouille rousse

« Dans ce petit creux de colline un peu plus vert, ce flanc de montagne à l'herbe drue, c'est sûr, il y a une source… »

On le voit de loin, c'est une impression, il faut avoir un peu l'habitude, ou juste réfléchir et observer. On peut aussi se fier à la carte. Dans le creux du vallon, voilà le minuscule ruisseau. En remontant son cours, on peut trouver sa source et boire juste à l'endroit où l'eau sort de terre ou un peu en dessous si le filet d'eau est vraiment trop maigre. Plus bas où le volume est plus important, on ne peut plus, parce que des bêtes viennent y boire.

À quatre pattes près de la source, les lèvres directement dans l'eau, ne pas trop aspirer pour ne pas troubler l'eau, goûter le délice de sa fraîcheur.

Parfois, il faut aménager un petit bassin pour puiser l'eau, attendre un peu que les petites particules brassées s'évacuent. Avoir un gobelet pour remplir la gourde peut être très utile si on ne peut pas la placer sous le filet d'eau.

« Mais vous buvez de l'eau de terre ! » nous a dit un jour une dame.

Comment peut-on avoir oublié que l'eau sort de la terre ? Comment le savoir si on ne vous l'a jamais montré ?

Chercher une source avec ses enfants, les laisser remplir la gourde, c'est un jeu pour ne pas perdre le contact avec l'essentiel. L'eau des fontaines, des abreuvoirs dans les villages ou à proximité des cabanes de montagne est le plus souvent potable. Si on a peur de s'intoxiquer en buvant l'eau de la nature, il existe des pastilles désinfectantes vendues en pharmacie.

Dans les collines, les vallées et les plaines, partout où est pratiquée l'agriculture, ainsi qu'à proximité des habitations, il est formellement déconseillé de boire l'eau des sources. Attention aussi au ravissant filet d'eau entre les fleurs, en contre-bas du refuge, ça peut très bien être l'écoulement de la fosse septique.

LES BONS FRUITS
DE LA NATURE

Dans la nature, quelques fruits sont comestibles, d'autres peuvent être très toxiques. Plutôt que d'interdire formellement aux enfants d'y toucher, nous nous sommes rendus compte qu'inévitablement certains enfants allaient être tentés. Il me semble qu'il vaut mieux qu'ils soient bien informés et leur montrer les bonnes baies. Vous serez surpris de voir à quel point leur sens de l'observation est infaillible et comme ils sont fiers de montrer aux autres leurs trouvailles délicieuses. Vous devez exiger d'eux qu'ils vous les montrent avant de les manger. Au moindre doute, il faut les jeter. On peut leur montrer les plus faciles à identifier : fraises, mûres, framboises, myrtilles, groseilles.

Fraises

Les fraisiers tapissent les talus et les sous-bois un peu secs. Leurs fleurs sont blanches, il ne faut pas les confondre avec la potentille rampante dont les feuilles et les fruits ressemblent à ceux des fraisiers, mais ses fleurs sont jaunes.

Myrtilles

Baies bleues délicieuses qu'on trouve en montagne aux lisières des forêts et au-dessus de la limite des arbres. Les arbustes à petites feuilles, très touffus, peuvent couvrir des versants entiers. Il existe une forme plus tapissante, à baies bleues également, qu'on trouve à plus haute altitude. Les feuilles sont petites, rondes et de couleur vert bleuté, c'est l'airelle des marais (Vaccinium uliginosum) ; on peut la confondre avec la vraie myrtille, mais heureusement elle est comestible également, même si elle est moins savoureuse.

Mûres

Ce sont les fruits noirs des ronces, il existe plusieurs espèces à fleurs blanches ou roses, toutes ont des fruits comestibles. Les ronciers sont très fréquents aux lisières des forêts, les haies de campagne.

Framboises

Fruits délicieux rouge rosé. La plante ressemble à une ronce à feuilles plus claires au revers blanchâtre. On les trouve dans des clairières parmi les rochers et dans les éboulis un peu frais.

Groseilles

L'arbuste ressemble au groseiller de jardin, on le trouve dans les sous-bois clairs et rocheux. Les fruits rouges délicieusement acidulés sont en grappes pendantes. Il existe une autre forme (Ribes alpinum), à feuilles plus petites et à grappes plus courtes, qui pousse dans les rochers calcaires. Les fruits sont fades, pas très bons, mais pas toxiques.

On peut manger des fraises dès le mois de mai en plaine, en juin et juillet en montagne, les myrtilles commencent à mûrir en juillet. La meilleure période pour myrtilles, framboises et groseilles est le mois d'août en montagne. Les mûres se trouvent en abondance au mois de septembre.

Dès le mois de septembre aux lisières des forêts, le long des chemins et des haies, on peut ramasser des noisettes. On les casse entre deux cailloux.

Au mois d'octobre, on peut organiser une sortie châtaignes : chacun prend un sac en plastique. Qui en ramassera le plus ? Ensuite, il faudra les faire griller au feu : exquis. Ne pas oublier de leur faire avant une petite entaille au couteau pour qu'elles éclatent pas.

Goûtez au repas des ours : la faine du hêtre. Sous les hêtres, le sol est jonché de petits fruits, des minichâtaignes à trois faces sorties d'une sorte de bogue sans épines. Pour manger les faines, pas de coquille dure à casser, ni besoin de cuisson, il suffit de les décortiquer avec les doigts. C'est délicieux. Les ours en mangent beaucoup en automne pour supporter plusieurs mois d'hiver à dormir sans manger.

Attention ! Dans l'est et le centre de la France (Lorraine, Alsace, Franche-Comté, Alpes, jusqu'au Massif central), il existe une maladie très grave : l'échinococcose transmise par les crottes des carnivores et spécialement des renards qui propagent les œufs d'un ver. Les fruits sauvages, les pissenlits et les champignons peuvent être contaminés, ainsi que la terre et le pelage des chiens et des chats (les chiens se roulent parfois dans les crottes). Après l'ingestion des œufs, le ver s'installe dans le foie ou d'autres organes. Il se passe souvent plusieurs années entre l'ingestion et les premiers symptômes (douleurs, troubles digestifs, fièvre). Les œufs du ver restent contaminants pendant un an dans la nature. Les fruits peuvent avoir été souillés sans que cela ne se voie. Ne ramassez que ceux qui se trouvent à plus de 25-30 cm du sol, ou au milieu des massifs denses pour les myrtilles. On peut ramasser les fruits partout si c'est pour faire de la confiture : la cuisson à haute température détruit les œufs. Même si la majorité des cas d'échinococcose se trouvent dans l'est et le centre, les précautions sont valables partout parce que quelques cas ont été recensés dans d'autres régions.

LES OISEAUX FURTIFS

Faucon crécerelle

Rouge-queue

Rouge-gorge

Les animaux de la forêt ont peur de nous. Ils se cachent dans les fourrés, dans les rochers tout en haut de la montagne. Parfois, nous en voyons quelques-uns, ce sont des rencontres furtives. On a à peine le temps de voir la couleur ou la forme de la bête. On a fait trop de bruit, il nous a vus ou entendus arriver avant que nous ayons eu le temps de la voir.

En forêt ou dans les collines, il n'est pas possible de prévoir une "balade chevreuils ou biches" : leur rencontre est presque toujours fortuite. Il est rare d'avoir la chance de rencontrer de gros mammifères comme les biches, le renard, le blaireau au cours d'une balade familiale au milieu de la journée avec des enfants bruyants. Pour les voir, il faudrait se promener très tôt le matin ou tard le soir, et être très silencieux. On ne peut pas exiger d'enfants le silence total et une attention constante pendant toute une balade. Partout où on se promène, on voit au moins quelques oiseaux.

À force de se promener dans la nature, les enfants deviennent plus attentifs, ils remarquent le bruit d'un envol, le bruissement des feuilles. En pleine journée, malgré le bruit, les petits pourront quand même voir quelques oiseaux même si c'est assez difficile de leur montrer au milieu d'un fouillis de végétation. La meilleure saison est l'hiver parce qu'il est plus facile de les voir sur les branches nues qu'au milieu des feuilles.

On peut essayer d'apprendre avec eux le chant des oiseaux. Il existe des CD de chants d'oiseaux qu'on peut écouter à la maison. On pourra repasser les chants de quelques oiseaux communs que les enfants reconnaîtront dans la nature.

Le rouge-gorge sautille sur le chemin et disparaît dans les broussailles.

Le rouge-queue fait des révérences posé sur le toit de la grange.

Un drôle de cri rauque, un peu de beige, un éclair bleu, c'est le geai qui s'envole. Son cri prévient toute la forêt. Le danger, c'est nous. Tous les animaux de la forêt connaissent le cri d'alarme du geai, tous ceux qui ne nous avaient pas entendus arriver vont aller se cacher.

La pie aussi a un drôle de cri. Son jacassement n'est pas le même d'une région à l'autre, comme si les pies avaient des langues régionales. Elle est capable, comme le geai, d'imiter le cri des autres oiseaux.

Le faucon crécerelle s'est posé dans un arbre. Il inspecte le sol dans l'espoir de surprendre un mulot qui se serait aventuré à découvert. Sa spécialité, c'est le vol sur place et l'attaque éclair : il se laisse tomber comme une pierre pour ne laisser aucune chance à sa proie.

Geai

Pie

Accenteur mouchet

LES RAPACES DANS LE CIEL

Gypaète barbu
2,35 m à 2,85 m

Faucon crécerelle
0,68 m à 0,78 m

Vautour fauve
2,35 m à 2,70 m

Aigle royal
1,90 m à 2,25 m

Circaëte Jean-le-Blanc
1,62 m à 1,78 m

Percnoptère d'Egypte
1,55 m à 1,70 m

On ne se rend pas bien compte de la taille d'un rapace dans le ciel. Un faucon c'est aussi grand qu'un aigle royal ou une buse ? Est-il grand et loin ou petit et près ?

Là, les rapaces sont illustrés à la même échelle. Le faucon crécerelle est vraiment très petit à côté du gypaète barbu. Moins de 80 cm pour l'un, presque 3 m pour l'autre.

La taille des rapaces varie un peu en fonction des individus et surtout selon les sexes. Les mâles sont beaucoup plus petits que les femelles. La différence entre mâle et femelle est très importante pour certaines espèces comme le faucon pèlerin : 89-100 cm pour le mâle et 104-113 cm pour la femelle.

« C'est quoi, l'**envergure** d'un oiseau ? » C'est la mesure de sa largeur quand il a les ailes ouvertes. Pour nous, on mesure d'une main à l'autre, bras écartés. Les êtres humains ont la même envergure que leur hauteur. Pour les oiseaux, ce n'est pas du tout la même chose : leur envergure est normalement beaucoup plus grande que leur hauteur, sauf pour quelques-uns comme la pie qui a une queue très longue et des ailes courtes.

Milan royal
1,40 m à 1,65 m

Milan noir
1,30 m à 1,55 m

Buse variable
1,10 m à 1,32 m

Mâle

Femelle

Busard Saint-Martin
0,97 m à 1,18 m

Faucon pèlerin
0,89 m à 1,13 m

Baptiste 9 ans 1,35 m
Milan noir

Papa 40 ans 1,90 m
Aigle royal

Julie 4 ans 1,05 m
Faucon pèlerin

Maman 40 ans 1,58 m
Circaëte Jean-le-Blanc

Un jeu à faire pour se rendre compte de l'envergure des rapaces : chaque enfant choisit dans la page précédente le rapace qui a la même envergure que la sienne. Comme il y a des variations de taille pour une même espèce, tout le monde peut trouver le sien et même avoir le choix entre plusieurs espèces.

« Moi, j'ai l'envergure du milan noir, je suis grand, hein, maman ?
- Oui, c'est grand, bientôt tu auras celle du milan royal.
- Un jour, j'aurai l'envergure de l'aigle royal, comme papa.
- Moi aussi, je suis grande, je suis comme le faucon pèlerin.
- C'est petit le faucon pèlerin.
- Il est peut-être plus petit que ton milan noir, mais c'est l'oiseau le plus rapide du monde, d'abord ! »

Personne n'a l'envergure du gypaète barbu. Pour se rendre compte de sa taille, on peut essayer de le représenter. Chacun ramasse le plus possible de petits cailloux. On mesure 3 m sur le sol. Pas besoin de mètre pour mesurer, trois pas de papa ou de tonton font à peu près 3 m. On marque chaque bout avec un caillou et entre on dessine la forme du gypaète barbu avec tous les autres petits cailloux. On peut utiliser le modèle dans un livre et même en dessiner d'autres comme ici une buse et un faucon crécerelle.

DAME MARMOTTE

Piou ! Piou !

« Qu'est ce que c'est, ce sifflement ?

- C'est la marmotte qui signale un danger à sa famille. Nous sommes repérés, les marmottes nous ont vu arriver. »

Organiser une "expédition marmottes", c'est possible avec des petits. Pas besoin de marcher très loin, à certains endroits on en voit même au bord de la route. Renseignez-vous auprès des habitants qui pourront vous dire où vous avez le plus de chance d'en voir. Cherchez un versant sud ou sud-est, en altitude au-dessus de la limite des arbres. Des trous de 15-20 cm de diamètre avec un déblais de terre vous confirment leur présence. C'est un animal idéal à montrer aux enfants parce qu'elles sont en terrain découvert, faciles à voir et pas trop farouches.

Les marmottes se sont cachées à notre arrivée, mais elles ne restent pas dans leur trou longtemps ; si nous nous installons pas trop près de chez elles, elles vont ressortir et nous les verrons. Il faudra juste ne pas faire trop de bruit. Pas la peine de se taire, juste ne pas crier, ni aller trop près de leurs terriers.

Le pique-nique n'est même pas terminé, les enfants ont sorti leurs jeux, ils ont presque oublié pourquoi ils sont là. Une grosse marmotte se poste sur un rocher, une autre sort entre les pierres, puis toute la famille, des petites, des grosses. Chacune repart à ses occupations, les jeunes reprennent leurs courses poursuites et roulés-boulés.

On sort les jumelles, tout le monde a le temps de les observer tranquillement. Les enfants repartent à leurs jeux et les marmottes continuent leurs activités presque indifférentes. «Piou ! Piou !»

« Qu'est-ce qui leur prend tout à coup ?

- Elle a sifflé quand le monsieur est sorti du bois, c'est rigolo !

- Il est très loin quand même. »

Ce nouvel intrus n'est pas vraiment identifié, c'est peut-être une menace, alors que les jeux des enfants ne sont plus considérés comme un danger.

Quand on reste longtemps au même endroit, même sans être immobile, quand on dessine ou qu'on lit, il arrive que les marmottes s'approchent assez près.
Mes enfants se rappellent encore, un après-midi où, lassés de leurs jeux dans le ruisseau, ils s'étaient étendus sur des serviettes comme à la plage, à plat ventre, les coudes dans l'herbe, le menton sur les mains, ils étaient restés longtemps à regarder les marmottes, tellement absorbées par leurs occupations qu'elles venaient de plus en plus près, des familles entières avec les bébés.
Dans les Pyrénées, les marmottes avaient disparu, pas à cause des activités humaines ou de la chasse : c'est arrivé il y a très longtemps, on ne sait pas pourquoi. Elles ont été introduites dans les années 1950 et 70 et se sont répandues dans tous les massifs.

Aigle royal

Les marmottes sont des rongeurs comme les lapins et les souris, elles se nourrissent de plantes et vivent dans des terriers avec plusieurs galeries d'accès, plusieurs chambres et même des toilettes. Leur grand ennemi, c'est l'aigle royal. Quand il vole dans le ciel, c'est l'alerte, même quand il est très loin.

Vers le mois d'octobre, elles ferment les entrées de leurs terriers et s'endorment pour tout l'hiver. On dit qu'elles hibernent. Leur corps se refroidit et leur cœur ralentit. La température normale d'une marmotte est de 38-39°, son cœur bat 220 fois par minute et elle respire 25 fois par minute. Quand elle hiberne, sa température descend jusqu'à 4°, son cœur ne bat plus que 30 fois par minute et elle ne respire que 2 à 3 fois par minute. Quand elle se réveille au printemps, elle a perdu un quart de son poids.

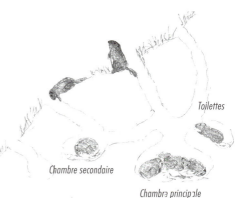

Toilettes

Chambre secondaire

Chambre principale

ISARDS ET CHAMOIS

Comme les marmottes, les isards vivent en terrain découvert et sont donc plus faciles à voir que des chevreuils ou des biches en liberté. On en voit même parfois près des routes et des parkings en montagne. Ils restent quand même difficiles à approcher avec des enfants.

Avec des grands, à partir de huit ou dix ans, il est possible d'organiser une sortie isards ou chamois. Il faut choisir un endroit où vous êtes presque sûrs d'en voir, un endroit où vous êtes déjà allé. En partant, pas de consignes trop strictes du genre : *"Interdit de parler, de faire rouler les cailloux."* Mais plutôt, comme une histoire ou un jeu, réveillez leurs instincts de trappeur. Qu'importe finalement si vous en voyez ou non.

Même si vous ne l'avez pas dit, vous serez surpris de les voir se courber, baisser la voix, être attentif à ne pas faire de bruit en marchant. Ils seront les Indiens à la chasse à l'isard. Maintenir une telle attention n'est pas envisageable pendant toute une balade et, si vous ne voyez rien, ne les empêchez pas de s'amuser et de faire du bruit. Si vous changez de versant et qu'à nouveau il y a des possibilités de voir quelques animaux, vous pouvez remobiliser votre petite troupe.

« Attention, on va peut-être surprendre les chamois de l'autre côté, pas de bruit.

- Regarde papa, il y a des bêtes dans la pente, là. »
Le jeu de Sioux reprend. Évitez d'avancer en terrain découvert. Pas la peine de ramper, il suffit juste de marcher en utilisant une colline ou de changer de vallon pour aller dans leur direction sans être vus. Quand la harde s'inquiète de votre présence, asseyez-vous et ne bougez plus, ils identifient mal les formes immobiles. Évitez la tentation d'approcher trop et de les faire fuir, gardez toujours à l'esprit qu'on doit déranger le moins possible. Si, au cours de la balade, vous n'avez pas la chance d'en voir quelques-uns, essayez de trouver des traces, des indices.

« Ils sont passés là, regardez les traces là, sur le sentier.
- Et là, des crottes, on dirait qu'ils sont montés vers la crête. »

Le jeu des petits trappeurs garde son intérêt. Si vos grands se sont amusés, même s'ils n'ont rien vu, pas de déception.

Avec des petits, seule chance : la rencontre fortuite (ou si vous restez longtemps au même endroit, des isards peuvent approcher). Ils s'habituent à votre présence malgré le bruit des enfants. C'est souvent le cas quand on campe. Dans la lumière du matin, vous découvrez un groupe d'isards broutant non loin de votre tente.

L'été, on peut voir les bébés chamois avec leur mère : c'est au mois de mai et de juin qu'ils naissent. Les mères s'isolent et chassent le petit de l'année précédente. Tout le monde se retrouve ensuite : les mères, les petits nouveaux-nés et ceux d'un an ; ils forment une harde d'une trentaine d'individus. À part les petits, il n'y a pas de mâles dans ces hardes : ils forment quand ils sont jeunes des groupes séparés. Les vieux mâles sont solitaires.

Tout l'été se passe à brouter et à se reposer, à gambader et à faire des glissades sur la neige pour les jeunes. En novembre, commence la saison des amours, les mâles rejoignent les hardes de femelles et s'affrontent dans des courses poursuites effrénées. Ils ne se battent pas vraiment, mais cherchent à s'impressionner en se dressant debout l'un face à l'autre. À ce moment, ils perdent toute prudence : on peut les voir assez facilement et leurs galopades sont spectaculaires.

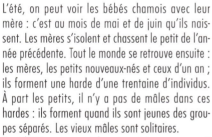

L'hiver est la période difficile, la neige recouvre l'herbe et les isards descendent dans la forêt, ils mangent des lichens et des petites brindilles, les feuilles des persistants, tout ce qui peut dépasser de la neige.

LES JUMELLES ET LA LOUPE

« L'isard, sur la crête, tu ne le vois pas ?
- Non, je ne vois que des cailloux et de l'herbe.
- Mais enfin, il est bien visible. Tu ne vois rien ?
- Non, je crois que c'est flou. »

Inutile de s'énerver. C'est très difficile pour un enfant de viser quelque chose qu'il a déjà eu du mal à repérer à l'œil nu, de faire la mise au point en même temps. Beaucoup d'adultes n'y arrivent pas non plus. Un enfant de quatre ou cinq ans est incapable de viser un animal, même de près. À cet âge, on peut juste lui montrer que les jumelles ça rapproche.

Il faut attendre environ six ans pour proposer de regarder dans les jumelles, s'asseoir par terre avec lui, les régler sur le versant d'en face, quelque chose de grand qu'il n'aura pas de mal à viser, lui mettre les jumelles autour du cou, lui régler l'écartement des yeux. Souvent, les enfants ne voient pas dans les jumelles seulement parce que l'écartement des grands ne leur convient pas. Vérifier que l'occulaire droit est bien réglé sur zéro.

« Tu vois les rochers en face. Regarde-les et dis-moi si tu les vois bien. En tournant la molette tout doucement d'un côté ou de l'autre, tu peux essayer de bien régler les jumelles à ta vue. »

C'est plus facile si vous avez fait la mise au point avant et d'affiner à sa vue ensuite. Bien sûr, il va trop tourner la molette, tout deviendra flou. Il faudra refaire la mise au point et recommencer.

« Oh ! C'est beau, je vois les rochers. »

Il faut le laisser regarder tout seul sans objet précis à chercher, il va balayer le paysage et faire ses propres découvertes, prendre le temps de s'habituer aux jumelles en regardant le village, la route et les voitures minuscules, la neige sur les sommets, la falaise. Pour qu'il voit un animal sur une crête ou au milieu d'une vaste prairie, il faut donner des repères : « Vise d'abord le ciel et descend doucement, quand tu vois

la crête, suis-la lentement à gauche et tu vas trouver l'isard. »

Encore plus difficile de voir un rapace sans aucun repère dans le ciel. Le mieux, pour arriver à bien voir des animaux, c'est quand il y en a plusieurs : une harde de chamois, une troupe de marmottes dans l'herbe pour qu'en balayant la prairie l'enfant ait la chance d'en voir.

Il vaut mieux avoir bien vu un troupeau de vaches sur la colline d'en face que d'être déçu d'avoir raté le renard qui courait dans un éboulis.

Pour que votre petit puisse entrer dans le monde minuscule des pucerons vaches, des fourmis bergers et des coccinelles loups, pensez à emporter une loupe. Le mieux, c'est d'en avoir plusieurs pour éviter les disputes, pour que chacun puisse tranquillement regarder tout ce qu'il veut et ne pas être pressé par un autre.

« Passe-moi la loupe ! Tu l'as depuis longtemps, moi je n'ai rien vu. » Ce qui devait être un moment de détente se termine en pugilat.

Il faut aussi qu'elles soient assez grandes pour bien voir dedans. Une loupe, ce n'est vraiment pas lourd et vos petits peuvent être occupés pendant de longs moments avec.

« Oh ! Regardez cette bête, elle est toute poilue, ses antennes sont articulées.

- La goutte d'eau, tu as vu comme elle est belle ?

- Et le sable, on dirait des pierres précieuses. »

Que c'est lourd une goutte d'eau !

Avec la loupe, l'enfant découvre les autres mondes qui nous côtoient et que nous ne voyons pas. Nos orchidées communes ont l'air de fleurs tropicales. Un brin d'herbe, c'est plus qu'un ruban vert : il a des nervures, des dents au bord des feuilles. On peut regarder le cœur des fleurs, les grains de pollen, les pattes velues des insectes, les écailles sur les ailes du papillon mort...

DÉCOUVERTES ET CARNETS DE TERRAIN

Emporter quelques petits livres pour identifier nos trouvailles, cela fait encore du poids dans le sac, mais s'asseoir dans l'herbe, feuilleter les planches d'animaux ou de fleurs et trouver sa fleur, son insecte, c'est vraiment précieux. Pas la peine de prendre les gros guides avec tous les oiseaux d'Europe, la Grande Flore illustrée... Il en existe des petits pour les enfants avec les traces d'animaux, d'autres avec quelques oiseaux, insectes ou fleurs. Bien sûr, ils ne sont pas complets, mais à force de les feuilleter, les enfants se familiarisent avec de nombreuses espèces. Vous serez étonnés de voir votre petit se passionner pour les insectes ou les oiseaux et en connaître rapidement plus que vous.

« Cette fleur bleue, je la connais, attends maman, je vais te la montrer dans mon livre. (Elle tourne les pages à toute allure.) Regarde, c'est celle-là : la succise des prés.
- Tu as tout à fait raison, c'est bien ça. »
Elle ne se rappelait pas le nom, mais avait gardé le souvenir précis de la plante.

Rouge-queue noir

Dans les gros guides, les enfants peuvent se perdre, il y a tellement d'espèces différentes. Il est possible de diriger un peu la recherche :
« *Il n'avait pas un bec fin d'insectivore, l'oiseau, on va chercher parmi ceux qui ont un gros bec.* »
À la fin du livre, les pages des moineaux, serins, verdiers... limitent la recherche.
« *Regarde, papa, c'est celui-là, avec le ventre un peu orange, la tête grise et un peu de blanc sur les ailes. C'est le pinson des arbres.* »

L'animal entraperçu, l'oiseau envolé: je n'ai vu que du jaune et un pelage roux. La mémoire est presque aussi fugitive que la rencontre.

« Tu dis que tu as vu du jaune, c'était sur le ventre ou sur le dos? Avait-il d'autres couleurs, as-tu eu le temps de voir ? »

Au moment de chercher dans le livre, on ne se rapelle plus bien.

Mésange charbonnière

noir

blanc

gris vert

petite court

jaune

crosse de fougères

Un bloc, un crayon, quelques traits. Quelques détails vont être déterminants pour trouver le nom de l'oiseau ou de tout autre animal.

Le dessin doit être simple, pas le temps de faire de l'art. Des flèches avec la mention des couleurs. Queue courte ou longue, bec fin d'insectivore ou épais de granivore, la couleur de la tête, du ventre.

Noter : ventre jaune, c'est insuffisant pour déterminer un oiseau. La mésange charbonnière a une bande noire sur le ventre et aussi la tête noire avec des joues blanches. La bergeronnette des ruisseaux est très fine, elle a la tête grise avec un sourcil blanc.

On peut dessiner beaucoup d'autres choses dans le carnet de terrain : les marmottes, des fleurs, le renard, notre ruisseau ou la cab peut même y raconter les aventures de la famille. Cela peut être comme un journal, un carnet de voyage. On l'emporte partout s'enrichit des observations, des remarques, expériences. N'oubliez pas de noter la date lieu pour se les rappeler plus tard. Des années après, nos petits devenus grands seront émus de retrouver leurs impressions d'enfant.

Sans forcer ce moment de calme, les pare peuvent inciter les enfants en s'installant e mêmes pour dessiner, pour regarder la carte, pour herboriser ou chercher dans le livre le nom des oiseaux vus. La pause dessin est un agréable moment de tranquilité qui peut coincider avec la sieste des petits.

15/08/01 Ame.

sourcil clair

gris

bec très fin

blanc

jaune

une tron

Bergeronnette des ruisseaux

digitale

une vache

L'ART DANS LA NATURE

Les trésors de la nature font des œuvres d'art. Une collection de cailloux cœurs à rapporter à la maison, de jolis bouts de bois, que de choses à ramasser dans la forêt ou la montagne !

Et si on laissait une petite trace de notre passage ? Il n'est pas question de laisser des saletés ou de graver son nom sur les arbres, mais de faire une œuvre éphémère qu'on laissera en partant.

Regardez cette branche tombée par terre, ce bout d'écorce qui se délite, leur forme ne vous fait-elle pas penser à un animal ou à un monstre des bois ?

Pas besoin de chercher loin les bâtons qui feront les pattes, des lichens pour faire les poils, des glands pour les yeux, un escargot comme petit ventre, un caillou pour la tête, il n'y a qu'à se baisser tout est là, à portée de main. La seule règle : on n'abîme rien. On n'arrache pas la mousse sur les pierres, ni les lichens sur les arbres, on ne casse pas de branche vivante, on n'arrache pas de plante.

On utilise que ce qui est par terre, les branches mortes, les lichens tombés des arbres, les châtaignes, les cailloux… Et encore, pas tous les cailloux : si, quand on le soulève, on trouve des petites bêtes endormies dessous ou une fourmilière, on remet la pierre délicatement.

DES CABANES

Partout où nous sommes passés, nous avons laissé une cabane. Des cabanes en bois, des cabanes en pierre, des cabanes en herbes et en paille, des petites pour les poupées et des grandes où on pouvait entrer.

Souvent, les enfants les font d'eux-mêmes, parfois ils réclament qu'on les aide. Un adulte peut lancer l'idée, après les courses poursuites et les plongeons dans l'eau, un peu de calme fera du bien à tout le monde.

Pour les grandes cabanes, inutile de se lancer dans des gros travaux, ce serait dommage de l'avoir finie juste quand il faut partir. Quelques branches assemblées en tipi, contre un arbre ou un rocher, font une cabane acceptable. L'essentiel est de pouvoir y entrer. Les branches bougent un peu quand on se retourne : la prochaine fois, on emportera de la ficelle… pas en plastique, mais en fibre naturelle biodégradable.

Les petites cabanes, c'est pour jouer avec les Playmobil et les petites voitures. On fait des routes pour accéder à la cabane, un petit mur autour et même un jardin. Tous les matériaux de la nature peuvent servir : des cailloux, des bouts de bois, de la mousse, de la terre, des pommes de pin.

IL FAIT FROID !

Le Kit feu

Petite balade, le temps était un peu incertain, nous sommes quand même partis. Beau soleil, nuages, le mauvais temps est arrivé. Les enfants ont froid et faim, il faudrait qu'ils reprennent des forces avant de rentrer.

J'ai toujours dans mon sac à dos, ce que nous appelons dans ma famille le "kit feu". C'est une feuille de papier journal, un briquet et un bloc de sciure de bois parafinée (vendu pour allumer les barbecues) dans un sac en plastique étanche (sac congélation). Le kit permet d'allumer un feu en toutes circonstances, si le besoin se présente.

On ramasse quelques brindilles, les meilleures sont les rameaux morts encore sur les arbres, ils sont toujours plus secs que ceux trouvés par terre même par temps humide. Pendant qu'un adulte allume le petit feu pour réchauffer rapidement les plus petits, les grands ramassent du bois plus gros pour l'alimenter. N'utiliser que du bois mort tombé sous les arbres, ne jamais couper des branches vivantes, pour ne pas abîmer les arbres et aussi parce que ça ne brûle pas bien.

Toute la famille pique-nique au chaud autour du petit feu. Avec des bouts de bois, les enfants peuvent faire griller du pain, du jambon ou des biscuits. Le désagrément du froid s'est changé en nouvelle aventure.

Quand vous partez, essayez de laisser le moins possible de bois à moitié brûlé, éteignez le feu avec de l'eau, étalez les restes de bois et mettez de la terre dessus. Il ne faut jamais laisser un feu allumé ou même fumant, il peut repartir et s'étendre. Comme pour les ordures, ne laissez aucune trace de votre passage.

N'allumez jamais de feu en plein été, en période très sèche et dans les zones où c'est interdit. Le feu peut se propager très rapidement et provoquer un terrible incendie.

BALADE NOCTURNE

Une balade la nuit ? Mais si, c'est possible ! C'est pour voir les **étoiles**, écouter les bruits de la nuit, marcher en ne voyant que dans le halo de la lampe. D'abord, il faut bien s'habiller pour être sûr de ne pas avoir froid, et surtout emporter une lampe. Une pour chacun. Le mieux, c'est la lampe frontale avec une sangle élastique pour la porter sur la tête : les mains sont libérées et la lampe éclaire toujours dans la direction où on regarde. On peut emporter un tapis de sol ou une petite bâche pour s'asseoir par terre et même s'allonger, une boisson chaude dans un thermos et quelque chose à grignoter pour l'arrêt.

Pour chercher le nom des étoiles, il faut une carte du ciel (en librairie ou magasin de sport). Certaines se présentent sous forme d'un cadran en deux parties mobiles. Quand on aligne la date et l'heure, apparaissent les étoiles visibles à ce moment : le ciel n'est pas le même en début et en fin de nuit, pas le même en été qu'en hiver parce que la terre tourne, évidemment.

Pour la balade, il faut choisir un endroit où on est déjà allé, un endroit dégagé sans arbres ni bâtiment, un plateau ou une large colline. Le premier intérêt de la balade nocturne, c'est l'ambiance. Peur ? Juste un peu. Pourquoi tout le monde parle à voix basse ? Hululement d'une chouette, une voiture au loin, la cloche d'une vache et des bruissements dans les fourrés. Qui a trébuché dans les cailloux ? Fous rires étouffés.

Sur un grand replat, on s'arrête pour regarder les étoiles. On éteint les lampes. Que c'est beau ! Pas la peine de chercher à identifier toutes les étoiles, mais un petit secteur juste pour faire connaissance. Regardez la carte à la lueur de la lampe et ensuite regardez le ciel, c'est difficile, il faut un temps pour que les yeux s'accoutument à nouveau au noir.

Éclipse de lune du 4 mars 2007

Astuce : une lumière rouge évite ce temps d'adaptation. Utilisez une lampe recouverte d'un chiffon rouge ou un feu arrière de vélo.

Couchés sous le ciel, on ne voit que les étoiles. Sur notre vaisseau spacial Terre, nous voyageons au milieu des étoiles. *« La prochaine fois, on emportera les duvets et on dormira à la belle étoile. »*

Dans le ciel d'été, amusez-vous à chercher le Cygne, l'Aigle et la Lyre. Ces constellations sont très grandes, au plus haut du ciel. Le Cygne est dans la Voie lactée, cette traînée blanche consituée des milliards d'étoiles de notre galaxie. On reconnaît bien un Cygne en vol, avec son long cou, ses ailes déployées et sa courte queue marquée par l'étoile Deneb. À gauche de sa tête, il y a la Lyre avec Véga, son étoile très brillante, et à droite l'Aigle avec l'étoile Altaïr.

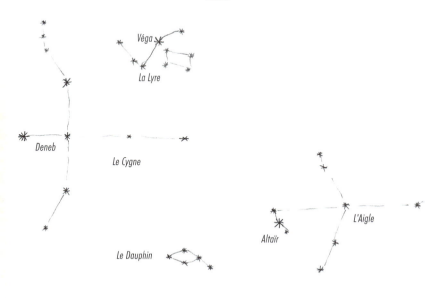

Dans le ciel d'hiver, Orion le chasseur est la plus belle constellation. Sa ceinture est faite de trois étoiles alignées avec son épée accrochée dessous. L'étoile rouge, en haut à gauche, marque son épaule droite : c'est Bélelgeuse, une supergéante rouge en fin de vie, des centaines de fois plus grosse que notre soleil. Amusez-vous à chercher les animaux qui entourent le Chasseur. À droite au-dessus de lui, un V couché avec une étoile rouge, Aldébaran : c'est la tête du Taureau que le Chasseur voudrait tuer. À ses pieds, on voit le Lièvre. Quand on tire un grand trait imaginaire à gauche en partant des étoiles de la ceinture d'Orion, on trouve Sirius, l'étoile la plus lumineuse du ciel, c'est le Grand Chien. Pour trouver Procyon, le Petit Chien, il faut tirer un grand trait à gauche en partant de Bellatrix et Bételgeuse, les épaules du Chasseur.

Un grand W dans le ciel : c'est Cassiopée, visible en toute saison. Cassiopée était une reine qui avait faché les Néréides (des fées de la mer) en racontant à tout le monde que sa fille Andromède était plus belle qu'elles. Les Néréides ont demandé au dieu de la mer Poséidon de punir ce royaume. Il envoie un monstre marin qui ravage le pays avec de terribles tempêtes. Les humains se demandent comment ils pourront calmer le monstre. Un prêtre a une idée : il faut lui donner Andromède. Céphée et Cassiopée, le roi et la reine, sont très tristes mais les gens les obligent à attacher leur fille à un rocher au bord de la mer. Persée, un héros qui voyage sur le dos du cheval ailé Pégase, entend les gémissements de la princesse Andromède dans la tempête. Il vient la délivrer et tue le monstre. La tempête cesse et Persée épouse Andromède. Pégase, le cheval ailé, Persée le héros, Andromède la princesse, Céphée le roi, sont aussi dans le ciel, essayez de les trouver avec la carte, c'est assez difficile.

C'EST QUOI LA BIODIVERSITÉ ?

Des animaux qui vivent ici, j'ai vu quelques traces, les empreintes d'un chevreuil dans la boue, le gros terrier du blaireau, les crottes d'un renard et celles d'une fouine. J'entends le bourdonnement des abeilles et le chant des oiseaux, une buse est passée dans le ciel, une grenouille a sauté quand j'ai traversé le ruisseau. Il y a un monde fou ici. C'est ça la biodiversité : la foule des êtres vivants d'un endroit.

Pour évaluer le biodiversité, on fait l'inventaire de tous les êtres vivants. On identifie tout, espèce par espèce. On ne dit pas : il y a des oiseaux, mais : des mésanges charbonnières, des mésanges bleues, des mésanges nonnettes, des roitelets triple bandeaux, des merles noirs, des fauvettes à tête noire, des pinsons des arbres, des linottes mélodieuses...

Roitelet

Libellule

Coléoptère

Papillon

Chardonneret

Mésange bleue

Erable champêtre

Noisetier

Erable sycomore

Saule

Aulne

Bouleau

Aubépin

Frêne

Tilleul

Merisier

Chêne

Grenouille

Héron

Taupe

Ecureuil

Lièvre

Mulot

On inventorie précisément les espèces : tous les mammifères, toutes les mousses, les graminées, les lichens, les escargots, les insectes, les orchidées, les arbres. Cela fait une liste énorme. Plus la liste est longue et plus la biodiversité est grande.

Une lisière de forêt, un bord de ruisseau en Europe ont une plus grande biodiversité qu'un coin de désert du Sahara. Le nombre d'espèces diminue quand les conditions de vie sont difficiles. Les endroits du monde où la biodiversité est la plus grande sont les forêts tropicales. C'est là qu'il y a le plus grand nombre d'espèces d'oiseaux, d'insectes, de plantes et même de mammifères. La biodiversité d'un endroit est grande quand les êtres vivants trouvent des abris et de la nourriture pour vivre.

Quand les hommes coupent les arbres pour créer des champs, modifient les rivières, assèchent les marais, beaucoup d'espèces disparaissent parce qu'elles ne peuvent plus s'abriter, ni nicher, ni se nourrir.

Buse

Chevreuil

Blaireau

Busard

Sureau

Fouine

Renard

Bardane

Fougères

Berce

Mclinie

Ray grass

Ophrys

Trèfle

LES CHAÎNES ALIMENTAIRES

LES PLANTES VERTES

Les plantes sont les producteurs de matière vivante, le départ des chaînes alimentaires.

Avec leurs racines les plantes puisent dans le sol de l'eau mais aussi ce qu'on appelle des sels minéraux : du potassium, du phosphore, du magnésium, du calcium, des nitrates…

D'où viennent tous ces éléments ? Certains viennent de la décomposition des roches, d'autres de la décomposition des êtres vivants végétaux et animaux morts.

Les plantes puisent aussi leur nourriture dans l'air, c'est la photosynthèse.

« Les plantes se nourrissent d'air ?
- Et, oui, elles sont capables d'extraire de la nourriture de l'air. »

Les feuilles et les tiges renferment de minuscules usines vertes qu'on appelle chloroplastes. Les plantes absorbent dans l'air le CO_2 qu'on appelle aussi dioxyde de carbonne ou gaz carbonique, un gaz très toxique pour nous. Grâce à l'énergie du soleil, les plantes captent le carbonne C contenu dans le CO_2 et s'en servent pour fabriquer du sucre.

O_2 l'oxygène, elles n'en ont pas besoin à ce moment alors elles le rejettent dans l'air. C'est comme un déchet de la photosynthèse, un excellent déchet pour nous.

La photosynthèse sert à fabriquer des sucres, plusieurs sortes de glucides. Les feuilles, les tiges, les racines des plantes, le bois des arbres sont constitués essentiellement de glucides.

En produisent des glucides dont nous nous nourrissons et l'oxygène que nous respirons, les plantes vertes, les arbres sont indispensable à la vie sur terre.

LES PRÉDATEURS

Les plantes produisent de la nourriture avec leurs feuilles, leurs graines, leurs fruits, leurs racines pleines de réserves de sucres. La masse des végétaux est énorme sur terre, elle est dévorée par des miliards d'insectes, de rongeurs et de grands herbivores.

Ensuite les herbivores en tous genres sont mangés par des prédateurs. Les petits prédateurs sont mangés par des prédateurs de plus en plus gros et moins nombreux.
Quand on dit "prédateur", on pense aux rapaces, au renard, au loup, à l'ours.
La coccinelle, le lézard, le rouge-gorge, l'araignée sont des prédateurs aussi puisqu'ils mangent d'autres animaux. Dans les chaînes alimentaires, il y a des successions de prédateurs.
Les loups ou les grands rapaces comme l'aigle, sont les derniers de la chaîne alimentaire, ce sont des super-prédateurs.
On pourrait se dire : *« C'est triste que les rapaces mangent les mignons petits mulots, les lapins. »*
C'est vrai que c'est triste, mais les mulots, les souris, les lapins se reproduisent énormément : si les rapaces ne les mangeaient pas, on serait envahi.

Si personne ne mange les super-prédateurs, comment ne pullulent-ils pas comme les rongeurs ? Les grands rapaces se reproduisent peu. Le couple d'aigle royal n'a qu'un petit par an, très exceptionnellement deux, certaines années ils n'en ont pas.
Les rongeurs eux se reproduisent beaucoup. Une femelle campagnol des champs a trois à sept petits à la fois, cinq à sept fois par an en moyenne, ça fait 15 à 49 petits par an.

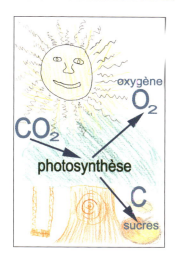

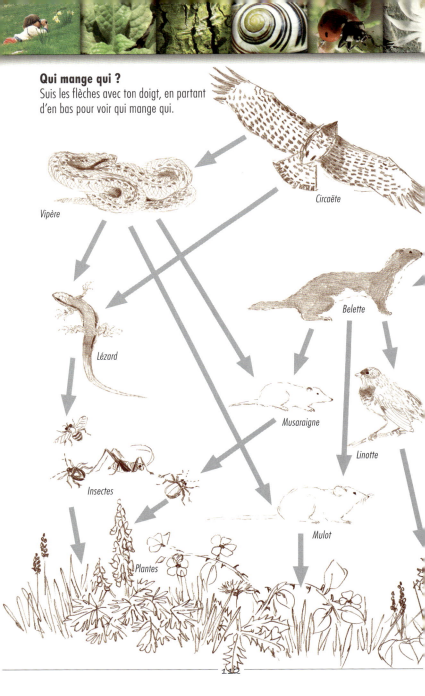

Qui mange qui ?

Suis les flèches avec ton doigt, en partant d'en bas pour voir qui mange qui.

Vipère

Circaëte

Belette

Lézard

Musaraigne

Linotte

Insectes

Mulot

Plantes

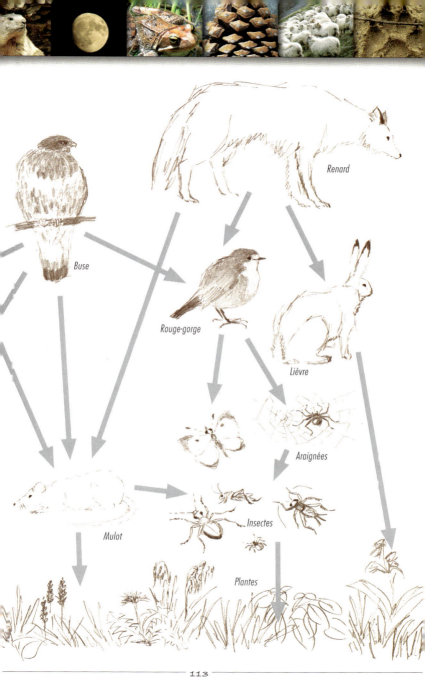

Renard

Buse

Rouge-gorge

Lièvre

Araignées

Mulot

Insectes

Plantes

LES PARASITES

Cuscute d'Europe

Il n'y a pas que des herbivores et des prédateurs dans la nature, il y a aussi toutes sortes de pirates et de profiteurs.

« Elle est très bizarre cette plante, elle est toute blanche, elle est malade ? Et celle-là, avec ses tiges rouges enroulées autour des herbes, pourquoi elle n'a pas de feuilles ? »

Les plantes comme la cuscute d'Europe, le monotrope sucepin, la lathtrée clandestine n'ont pas de chlorophylle, c'est pour cela qu'elles ne sont pas vertes, elles sont incapables de fabriquer des sucres et, comme elles en ont besoin, elles le volent à d'autres. Ce sont des plantes parasites. Elles n'ont pas de racines mais des suçoirs pour pomper la sève d'autres plantes. Elles poussent dans les sous-bois sombres, sans photosynthèse, elles n'ont pas besoin de lumière.

La lathrée clandestine

Les plantes normales absorbent avec leurs racines de l'eau et des minéraux dissous dans l'eau. C'est la sève brute qui monte jusqu'aux feuilles dans des petits tuyaux comme nos veines. La feuille, grâce à la photosynthèse, fabrique des sucres qui vont enrichir la sève, cela devient de la sève élaborée qui va nourrir toutes les parties de la plante, même les racines. Les plantes parasites absorbent avec leurs suçoirs la sève élaborée chargée de sucres.

Le gui qui est fixé sur les arbres a des feuilles vertes. Même s'il n'a pas de racines et qu'il se nourrit grâce à des suçoirs, il absorbe la sève brute, il fabrique ses propres sucres grâce à sa photosynthèse. Ce n'est pas tout à fait un parasite, on dit que c'est un hémiparasite.

Le monotrope sucepin

« Qu'est-ce que c'est ces boules sur le chêne ?
- C'est une galle de chêne.
- Il est malade le chêne ?
- C'est causé par un parasite. Le cynips, une petite guêpe, pond ses œufs dans un minuscule trou qu'elle fait dans une brindille de chêne. Le chêne réagit contre les œufs et les vers qui naissent en fabriquant cette boule, comme nous, nous réagissons à la piqûre d'un moustique en faisant un bouton tout rouge. »

Au lieu de gêner les larves de cynips, la galle leur procure un abri et de la nourriture. Quand les vers se changent en petites guêpes, elles sortent en creusant un trou. Il existe différentes espèces de cynips qui piquent le chêne et chaque espèce fait réagir l'arbre différemment. Il existe des galles rondes sur les feuilles, certaines en forme de poire sur les tiges et d'autres en pastilles sur les feuilles. Même si le chêne a plusieurs galles, cela ne met pas sa vie en danger. Les pucerons en colonies sur les tiges sont aussi des parasites des plantes, ils piquent les tiges, les feuilles pour sucer leur sève. Trop de pucerons affaiblit beaucoup les plantes et peut les faire mourir.

Les puces des chiens, les poux des humains, les tiques sont des insectes parasites des mammifères, ils se nourrissent de leur sang.

LE COUCOU,
SANS SCRUPULES

Coucou, coucou. C'est le printemps, le coucou est revenu d'Afrique. Savez-vous que les coucous sont de véritables bandits ?
Madame coucou pond ses œufs dans le nid d'autres oiseaux bien plus petits qu'elle. Un nouvel œuf dans un nouveau nid tous les deux jours. Elle pond 8 à 12 œufs dans des nids différents. Elle enlève un œuf avec son bec et pond le sien à la place. Les propriétaires du nid ne remarquent rien. Madame coucou peut choisir le nid de fauvettes, de bergeronnettes, de troglodytes, de rouges-gorges… des insectivores, comme elle.
Bébé coucou ne supporte pas la présence d'autres œufs ou d'autres oisillons, il les fait basculer hors du nid et reste tout seul. Ses parents adoptifs ne se rendent compte de rien et lui portent des béquées d'insectes. Bébé coucou grossit tellement qu'il ne tient plus dans le nid. D'autres oiseaux, d'espèces différentes, viennent aider ses parent pour lui porter à manger.

L'épervière piloselle

LA PLANTE TUEUSE

Le joli romarin de la garrigue cache bien son jeu. Pourquoi n'y a-t-il que des petits arbustes autour de lui et pas d'autres plantes ? Le romarin émet des substances toxiques par ses racines qui tuent les plantes dont les graines ont eu le malheur de tomber à côté de lui. Au lieu de lutter toute sa vie avec ses voisines, le romarin les élimine. Il n'est pas la seule plante tueuse, certaines bruyères et l'épervière piloselle empoisonnent aussi leurs voisines.

ET LE LIERRE ?

Le lierre ne parasite pas l'arbre, il se nourrit par ses propres racines, en terre au pied de l'arbre. Le lierre utilise l'arbre seulement comme support : ses crampons servent à s'accrocher sur l'écorce, ils ne pénètrent pas dans le tronc. Grimper, c'est pour s'élever au-dessus des autres plantes et profiter ainsi d'un maximum de lumière. On en voit parfois couvrir le sol en sous-bois clair. Il disparaît dès que la forêt devient plus sombre. Les arbres couverts de lierre sont le plus souvent en

lisière ou dans les forêts claires.

L'action du lierre n'est quand même pas inoffensive. Les branches de l'arbre sont en concurrence avec celles du lierre, pour la lumière. Certaines peuvent mourir si elles sont trop envahies. Le réseau serré de ses tiges sur le tronc de l'arbre l'empêchent de grossir. La lutte entre l'arbre et le lierre est une concurrence pour la lumière et l'accès à la nourriture.

ÉCHANGE DE SERVICES ENTRE LA PIE ET LA VACHE

Ce n'est pas toujours la lutte, entre les êtres vivants : certains peuvent se rendre service. La pie enlève les parasites de la vache : des tiques qui lui sucent le sang. La vache ne le chasse pas. Pie et vache se rendent un service réciproque. Elle ne le font pas par gentillesse l'une envers l'autre, c'est juste parce que ça les arrange toutes les deux.

UNE FORÊT SI TRANQUILLE

Elle est jolie cette forêt. Des troncs de hêtres tous semblables et du buis bien vert en dessous. Mais c'est étonnant, tout de même, il n'y a rien d'autre. Pourquoi ?

En regardant ces jolis troncs gris, en écoutant le bruissement des feuilles et la quiétude de la forêt, on ne se rend pas compte que les arbres se battent. Ils font la course entre eux pour prendre le plus de place possible et étouffer les autres.

Le hêtre a besoin de lumière, toutes ses feuilles sont placées de telle sorte qu'elles captent le plus de lumière possible. Les rayons du soleil ont du mal à passer entre les feuilles. Un sous-bois aussi sombre, le buis le supporte et le petit hêtre en a besoin quand il sort de sa graine. Aucun autre arbre ne peut germer dans ce sous-bois.

Les bonnes conditions que les hêtres ont trouvé là, fraîcheur, soleil pas trop brûlant, et leur capacité à éliminer les autres arbres en leur prenant toute la lumière, font que cette forêt reste une hêtraie pure. Tous ces arbres sont jeunes et assez serrés, tous ne pourront pas devenir gros. Non seulement les hêtres ont éliminé les autres espèces, mais en plus ils se livrent entre eux à une compétition acharnée. Les plus gros vont étouffer les plus petits en étendant leurs branches au-dessus d'eux et en prenant toute la place au niveau des racines.

Dans une forêt, les arbres ne poussent pas au hasard. Chaque espèce a des besoins différents. Le chêne pédonculé aime les sols bien profonds et frais alors que son cousin le chêne sessile supporte les sols secs. Le frêne a besoin de beaucoup de lumière, le tilleul à feuilles en cœur aime mieux les fonds de vallée ombragés.

Les graines tombent n'importe où, mais les arbres n'acceptent pas de pousser n'importe où. Si une graine d'érable champêtre, qui aime les sols secs,

tombe au bord de l'eau, elle va peut-être germer, mais le petit arbre mourra rapidement. Une graine d'aulne glutineux au même endroit donnera un bel arbre. Les arbres en bonne santé poussent vite et font de l'ombre aux petits, leur pompent toute la nourriture avec leurs racines. Les plus faibles, ceux qui n'ont pas trouvé les bonnes conditions pour vivre, dépérissent petit à petit, laissant encore plus de place aux gros.

Regardez la forêt, observez comment chaque arbre essaie de se frayer une place au soleil. Dans le monde silencieux de la forêt, c'est une terrible lutte pour la vie.

LES FLEURS ET LES INSECTES : ÉCHANGE DE SERVICES

Pistil

Etamines

Pavot du Pays de Galle

Lys des Pyrénées

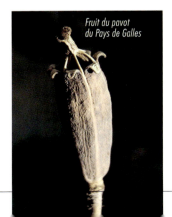

Fruit du pavot
du Pays de Galles

Dans le cœur d'une fleur, vu de près, on voit le pistil et les étamines. Le pistil c'est le futur fruit, l'organe femelle ; les étamines, l'organe mâle, sont des petits sacs qui contiennent les petits grains de pollen. Cette fleur, comme beaucoup, est à la fois mâle et femelle. Pour produire une graine qui deviendra une nouvelle petite plante, il faut qu'un grain de pollen se pose sur le pistil et pénètre à l'intérieur. C'est la fécondation. Beaucoup de grains de pollen vont se poser sur le pistil, la fleur va faner, le pistil va grossir et deviendra un fruit rempli de graines. Les graines tomberont sur le sol, elles vont germer et donner beaucoup de nouvelles plantes.

Problème : il ne faut pas que le pollen féconde sa propre fleur, il faut qu'il en féconde une autre. Le mélange est nécessaire sinon les enfants plantes dégénèrent, elles ont des maladies, des malformations. Il existe une sécurité pour que le pollen ne puisse pas pénétrer dans le pistil de sa propre fleur : ils ne sont pas prêts en même temps. Quand le pollen est mûr, même si le vent le fait tomber sur le pistil de sa fleur, il ne peut pas rentrer, le pistil n'est pas encore prêt, ou l'inverse, le pollen n'est pas mûr quand le pistil est prêt.

Comment le pollen peut-il aller sur une autre fleur ? Certaines plantes, comme les sapins, utilisent le vent qui emporte le pollen vers d'autres sapins. N'importe quel pollen ne peut pas féconder n'importe quelle plante. Il faut du pollen de sapin pour féconder un sapin, du pollen de pâquerette pour

féconder une pâquerette. Tous les pollens mélangés sont emportés par le vent. Il faut beaucoup de chance et beaucoup de pollen pour qu'un grain tombe sur le pistil de la bonne plante. Il y a énormément de perte : très peu de pollen aura la chance de tomber sur la bonne fleur. Quand les sapins et les pins produisent leur pollen, on en voit partout par terre, sur les voitures, les maisons.

De nombreuses plantes ont trouvé une solution géniale : elles font transporter le pollen par des insectes. Les abeilles, les guêpes et les bourdons font ce travail, ainsi que d'autres insectes comme les papillons, des mouches, mais aussi des oiseaux et même des chauve-souris.

Comment les plantes ont-elles persuadé les abeilles de transporter leur pollen ? Les abeilles n'ont aucune raison de leur rendre service gratuitement. Les fleurs produisent dans leur cœur un liquide sucré pour les attirer, le nectar, que les abeilles utilisent pour fabriquer le miel. Quand les abeilles prélèvent le nectar, elles touchent les étamines et du pollen s'accroche dans leurs poils. Les abeilles passent d'une fleur à l'autre et à chaque fois elles prennent et déposent du pollen sur les étamines. Elles font cela sans s'en rendre compte.

Les jolies fleurs très colorées, ce n'est pas pour faire joli dans la nature, c'est juste pour attirer les insectes, ce sont des pièges. Pas de méchants pièges parce que la fleur ne fait pas de mal à l'insecte. Finalement, chacun y trouve son compte : la fleur trouve un transporteur de pollen et en échange la fleur le nourrit.

Certaines plantes vont très loin dans l'élaboration de leur piège, leur forme est copiée sur l'insecte pollinisateur. Regardez cette orchidée, c'est un ophrys.

Campanule gantelée

Graines du Ppvot du Pays de Galles

Ophrys frelon

Séneçon de Tournefort

Renoncule rampante

Ne dirait-on pas un gros insecte posé sur une fleur rose ? Un bourdon peut croire que c'est sa femelle et il se pose sur la fleur pour la retrouver. Et hop, voilà le piège réussi, du pollen de l'ophrys s'accroche sur les poils du bourdon. À force de se tromper et d'aller de fleur en fleur, le bourdon est couvert de pollen qu'il dépose partout. Il a pollinisé toute la population d'ophrys. Il finira par trouver sa femelle et les ophrys fécondés vont pouvoir produire leurs graines et de nouveaux petits ophrys.

Le rôle des insectes pollinisateurs est extrêmement important dans la nature. Sans eux, nous n'aurions pas de fruits. Les pommiers, les poiriers, les pruniers, les courgettes, les citrouilles… presque toutes les fleurs ont besoin des abeilles pour les féconder et produire leurs fruits.

La protection des abeilles et des autres insectes pollinisateurs n'est pas seulement une bonne action pour la nature, c'est absolument indispensable à notre propre survie. L'utilisation des insecticides contre les mouches, les moustiques, les pucerons et autres ravageurs des jardins détruit aussi les abeilles. Essayons de les utiliser le moins possible, et même pas du tout.

Recette pour jouer à la petite abeille

ou au gros bourdon : prenez un pinceau, ne le mouillez pas, choisissez une fleur (il faut qu'il y en ait plusieurs de la même espèce dans le pré ou au bord du chemin). Passez le pinceau dans la fleur, en touchant les étamines. Du pollen va s'accrocher aux poils du pinceau.

Passez ainsi le cœur de plusieurs fleurs de la même espèce. Un peu du pollen du pinceau va se déposer sur le pistil collant des fleurs. Comme le font les abeilles en allant d'une fleur à l'autre, le pinceau pollinise les fleurs. Grâce à ce petit jeu, les fleurs auront beaucoup de graines.

CELLES QUI N'ONT PAS BESOIN D'ÊTRE BELLES

Les chatons du saule, du noisetier et de l'aulne sont des fleurs. *« Des fleurs ? Ils n'ont pas de pétales ! »* Ces fleurs n'ont pas besoin de pétales et de couleurs vives parce que le transport de leur pollen est assuré par le vent. Elles n'ont pas besoin des insectes.

Les fleurs mâles et femelles sont séparées, mais se trouvent sur le même arbre. Les chatons pendants sont les fleurs mâles, ils produisent le pollen.

La fleur femelle, c'est cette sorte de petit bourgeon qui ressemble aux bourgeons de feuilles. Sa floraison est discrète, il y aura juste quelques minuscules filaments rouges à peine sortis du bourgeon sur lesquels se posera le pollen.

Le vent transporte le pollen de la fleur mâle vers la fleur femelle. Les fleurs mâles produisent du pollen alors que la fleur femelle n'est pas encore ouverte. Ce décalage est une sécurité pour que le pollen d'un arbre ne féconde pas ses propres fleurs femelles. Quand les fleurs femelles s'ouvriront, les fleurs mâles auront fini de fleurir, mais heureusement un autre arbre plus tardif aura encore du pollen qui pourra les féconder. Au mois de septembre, à la place du petit bourgeon, il y aura une noisette.

De nombreux arbres ont des fleurs sans pétales pollinisées par le vent : le chêne, le châtaignier, le saule, le hêtre, le bouleau…

Chatons de noisetier

Fleurs d'aulne

Chatons de saule

CHERCHEZ L'ERREUR

Quel est le point commun entre tous ces éléments ? L'automne ? Mais plus précisément, dans quelle catégorie peut-on les classer ?

Regardons de plus près.

Sur la fleur sèche du tournesol, il y a beaucoup de graines. Les petits parachutes sont accrochés à la graine d'une fleur : la porcelle. Dans le cœur de la pomme, on trouve des pépins qui sont des graines. Le gland avec sa cupule, les noisettes sont aussi des graines. Dans les baies d'aubépine, on trouve des graines, dans le cône du pin maritime également. Tout ce qui renferme des graines s'appelle un fruit.

Tous les éléments de cette photo sont des fruits. Il n'y a pas d'intrus. Même si certains ne sont pas comestibles pour nous, ce sont quand même tous des fruits.

Les tomates, les concombres, les avocats, qu'est-ce que c'est ?

Vous allez dire : des légumes. C'est une considération culinaire, le mot légume. Un légume, cela peut être une feuille (épinard), une racine (carotte) ou un fruit. Les tomates, les concombres, les avocats et aussi les haricots, les citrouilles sont des fruits parce qu'ils contiennent des graines.

LE TRANSPORT DES GRAINES

C'est joli les pissenlits fanés, leurs graines à plumet blanc leur font une tête toute douce. Soufflez dessus, comme le vent vous les faites voler, grâce à leur petit parachute, elles vont aller germer très loin.

Les noisettes et les glands tombent au pied des adultes qui leur prennent toute la lumière, toute la nourriture dans le sol. Un petit mulot qui grignotte des noisettes, on se dit qu'il est nuisible pour le noisetier. C'est une erreur de croire cela parce qu'en faisant ses réserves pour l'hiver il les transporte dans ses nombreuses cachettes. Le printemps venu, les noisettes en trop germent loin des grands noisetiers. Merci, petit mulot.

La bardane et l'érodium ont des graines qui s'accrochent aux poils des animaux, aux vêtements des humains. Ce sont des voyageurs clandestins qui se propagent le long des chemins des hommes et des troupeaux.

Si certaines graines sont cachées dans un fruit, c'est aussi pour qu'on les mange. Mais si ! La grive digère la pulpe des baies de houx, mais pas les graines à carapace trop dure. Dans ses crottes, la grive propage des graines sans le savoir. En balade dans la forêt, quand nous mangeons des framboises nous semons des framboisiers dans nos petites crottes

Pissenlit

Graines accrocheuses d'Erodium manescavi

Graines de houx mangées par un oiseau

LE TRÈFLE ET LA BACTÉRIE

Nodosités sur les racines du trèfle

Cherchez un joli pied de trèfle, déterrez-le délicatement, secouez les racines pour enlever la terre, observez les racines.

« Oh ! Il est malade le trèfle ? Il y a plein de petites boules sur ses racines !
- Non, il n'est pas malade. Le trèfle a fabriqué ces petites boules qu'on appelle nodosités pour abriter un ami. »
Quand on coupe une nodosité et qu'on regarde dedans au microscope, on voit une multitude de minuscules êtres vivants.
« C'est un être vivant ça ? ça n'a ni yeux, ni bouche, ni pattes.
- Nous, nous sommes faits de miliards de cellules, celui-là est fait d'une seule cellule, c'est une bactérie.
- Une bactérie ! C'est un microbe, alors.
- Tous les microbes ne sont pas mauvais. Cette bactérie là s'appelle Rhizobium, c'est un gentil microbe utile au trèfle. »

La bactérie Rhizobium

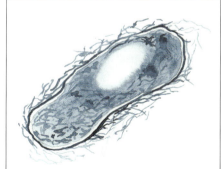

Le trèfle et la bactérie se rendent service mutuellement, ils vivent en association, ils ne peuvent pas vivre l'un sans l'autre.
Dans l'air, il y a beaucoup d'azote, un gaz qui n'est pas toxique pour nous, ni bénéfique, un gaz neutre.
Dans le sol, entre les mottes de terre, de l'air circule et Rhizobium attrappe l'azote de l'air et le transforme en nitrates.

« C'est quoi des nitrates ? »
Les nitrates sont de la nourriture pour les plantes.
Ils leurs sont indispensables pour fabriquer leur tige,
leurs feuilles, leurs racines.
*« Alors, Rhizobium fabrique de la nourriture avec de
l'air ?*
- C'est exactement ça. »
Rhizobium fournit des nitrates au trèfle.
Grâce à sa photosynthèse, le trèfle fabrique des
sucres, il en donne à Rhizobium et en plus il l'abrite
dans ses nodosités.
La plante et la bactérie échangent de la nourriture.
L'association du trèfle et de la bactérie Rhizobium
s'appelle une symbiose.
C'est comme si Rhizobium donnait de la viande
au trèfle et en échange le trèfle lui donnait des
bonbons.
Rhizobium fabrique même trop de nitrates pour
lui et pour le trèfle, il en rejète dans la terre et cet
éxcédent profite aux autres plantes. La terre est
enrichie.
Il n'y a pas que le trèfle qui vit en symbiose avec
Rhizobium mais aussi les pois, le soja, les haricots,
les lentilles, elles sont bonnes pour notre alimentation, elles contiennent beaucoup de protéines
grâce à l'azote apporté par les petites bactéries
Rhizobium.

sucres

azote

LES NETTOYEURS

Un cheval est mort. A-t-il glissé ? Était-il malade ? Les premiers sur les lieux sont les grands corbeaux. Ils passent beaucoup de temps à inspecter la montagne à la recherche de la moindre petite bête morte, d'une poubelle oubliée ou des restes du repas des promeneurs.

Les vautours qui patrouillent en permanence dans toute la montagne sont rapidement alertés par le va-et-vient des corbeaux. D'abord, ils tournent dans le ciel pour inspecter les lieux, s'assurer qu'ils ne seront pas dérangés. Quand l'un se pose, tous les autres suivent. Ils sifflent, se disputent, se pourchassent. Il faudra quelques jours et l'avancement de la putréfaction pour que les vautours puissent vraiment entamer le cuir. Tous ne sont pas en même temps sur le cadavre, nombreux sont ceux qui attendent autour et sur les hauteurs. Ils sont toujours aux aguets. À la moindre inquiétude, ils s'envolent dans un grand fracas d'ailes. Tous les jours, ils viennent voir et essaient de déchirer la peau. Quand enfin l'intérieur devient accessible, c'est à celui qui réussira à se gaver de tout ce qu'il peut attraper. Leur cou long et déplumé leur permet de rentrer la tête profondément dans

le cadavre. Les premiers vautours rassasiés laissent la place aux autres. Ils sont de moins en moins farouches, trop lourds pour s'envoler à la moindre alerte. Il ne leur faut que quelques jours pour nettoyer complètement une carcasse. Quand il n'y a plus rien à manger, les vautours s'en vont. Ils pourront rester ensuite plusieurs jours et

même plusieurs semaines sans rien manger. Après leur départ, le grand corbeau revient grapiller quelques lambeaux restés sur les os.

Quand il ne reste que les os, un autre vautour intervient : le gypaète barbu. Il se nourrit principalement d'os qu'il peut avaler entiers dans son jabot élastique. Quand ils sont trop gros, il les emporte et les lâche dans les cailloux pour les casser en petits morceaux .

« C'est horrible, ces oiseaux qui se nourrissent de cadavres, c'est dégoûtant ! » Les charognards sont les nettoyeurs de la montagne. Sans eux, les cadavres qui pourrissent polluent la terre, l'eau des sources et des ruisseaux. Les autres animaux qui continuent à brouter aux alentours attrappent des maladies très graves.

S'il n'y a pas de vautours partout en France, c'est parfois parce qu'ils ont été exterminés, comme dans les Cévennes (où ils ont été réintroduits) et les Alpes-de-Haute-Provence, mais aussi parce que ce sont des oiseaux du Sud, qui ont besoin de chaleur, plus exactement de courants d'air chaud pour planer.

Si vous avez la chance de rencontrer des vautours en plein repas, ne vous approchez pas trop, pas à cause d'un éventuel danger, les vautours sont inoffensifs pour nous, mais pour ne pas les déranger et qu'ils continuent leur travail de nettoyeurs.

LE RECYCLAGE :
LA LITIÈRE DE LA FORÊT

Ronce dans le sous-bois

Litière de feuilles de chêne

Litière de feuilles hachées

Amanite tue-mouches

On aime le tapis de feuilles mortes de la forêt, ça croustille quand on marche, on fait voler les feuilles en donnant des coups de pied dedans. Que devient le tapis de feuilles d'une année sur l'autre ? Une nouvelle couche tombe tous les ans et l'épaisseur du tapis n'augmente pas.

Grattons un peu les feuilles. Celles de dessous sont coupées en petits morceaux. Quand on gratte encore, on trouve de la terre noire, légère, aérée. En fait, ce n'est pas de la terre : ça s'appelle de l'humus. C'est le résultat de la décomposition des feuilles. Comment des feuilles arrive-t-on à l'humus ? Des petits escargots, des minilimaces, des mille-pattes, des insectes grignottent les feuilles mortes. Des champignons pénètrent dans les feuilles par de longs filaments qu'on appelle mycélium, pour digérer l'intérieur. Les champignons qui n'ont pas de photosynthèse récupèrent ainsi les sucres des feuilles. D'autres bestioles, comme les vers de terre, mangent de la terre, les crottes des autres petites bêtes et des fragments de feuilles.
« Beurk ! C'est dégoûtant.
- Pas dégoûtant, très utile. Grâce aux vers de terre, tous ces déchets sont réduits et mélangés dans la terre. »

On n'imagine pas que les vers de terre sont en quantité énorme dans le sol. Leur travail de décomposition est très important. Ensuite, entrent en action des champignons microscopiques et des bactéries qui finissent de décomposer les chaînes de molécules en nitrates NO_3 et en d'autres éléments nutritifs qui sont absorbés par les racines des arbres.
« L'arbre mange ses feuilles, alors ! »

Un mille pattes ou myriapode

Presque : il se nourrit des élément récupérés dans ses feuilles. Les arbres ne pourraient pas se nourrir directement de leurs feuilles mortes, mais grâce à tous les petits êtres vivants de l'humus, les feuilles sont recyclées en nourriture qu'ils peuvent assimiler. L'humus sert à recycler et à stocker de la nourriture pour les plantes. Le recyclage est sans fin.

Humus

Mycelium

Les glands germent dans l'humus
où ils trouveront une nourriture riche

Litière de feuilles mortes

Humus

Argile et racines

Coupe de sol
dans une forêt de chênes,
de noisetiers et d'ormes de
montagne

Argile, cailloux et racines

CONIFÈRES ÉCONOMES

Forêt de sapins

Cônes de pin à crochets

Le fait d'être caducs pour les régions froides et tempérées est une adaptation au froid. Dans les pays tropicaux où il ne gèle jamais, les arbres ne perdent pas toutes leurs feuilles en même temps. L'arbre perd ses feuilles parce qu'il bloque la circulation de sa sève : ainsi il se protège du gel. Si la sève gelait dans ses branches, elles éclateraient. Pourquoi alors ne trouve-t-on en haute altitude que des conifères qui gardent leurs aiguilles (qui sont leurs feuilles) toute l'année ?

Pour comprendre, regardons le sol au pied de ces vieux pins à crochets ou dans une forêt de sapins. Regardons l'humus sous les aiguilles qui jonchent le sol. Il n'y en a pas beaucoup. Pourquoi y en a-t-il si peu ?

Ces arbres poussent dans une haute montagne où l'hiver est très long, il commence en octobre/novembre pour se terminer en juin, parfois en juillet. Pendant cette longue période, les petites bêtes qui décomposent normalement les feuilles pour fabriquer de l'humus dorment, elles ne peuvent pas être actives quand il fait trop froid. Il leur reste très peu de temps pendant leur court été pour fabriquer l'humus.

Regardons aussi le terrain où poussent les pins. C'est une pente. Que se passe-t-il quand il pleut ? L'eau ne s'infiltre pas comme dans un sol plat, une grande partie ruisselle vers la vallée, emportant avec elle les aiguilles mortes et le peu d'humus que les petites bêtes ont pu fabriquer. Quelles sont les conséquences pour l'arbre ? Il a peu à manger.

Fabriquer des feuilles tous les ans demande beaucoup d'énergie aux feuillus, cela suppose qu'ils aient assez de nourriture à leur pied, donc une bonne couche d'humus. Les conifères qui ne perdent pas leurs feuilles tous les ans sont économes, ils consomment beaucoup moins de nourriture que les feuillus.

Forêt de pins

Pins et sapins perdent quand même leurs aiguilles. Un nouveau segment pousse chaque année au bout de la branche. On peut les compter pour savoir l'âge d'une branche. Celle de la photo a 6 ans. Au fur et à mesure que la branche pousse, les aiguilles des vieux segments tombent, alors que de nouvelles arrivent sur le bout. Elles se renouvellent ainsi très lentement. Elles restent plusieurs années sur la branche : jusqu'à 10 ans pour le sapin, 6 à 9 ans pour l'épicéa et 3 ans pour les pins. Si la branche est mal éclairée, les aiguilles tombent plus tôt, c'est pour cela que celles du bas sont souvent dégarnies.

Comment font les conifères pour résister au gel en gardant leurs aiguilles ? Ils ont dans leur sève un produit antigel qui fait que la sève est plus concentrée et moins sensible au gel.

Cônes d'épicéa

DIFFÉRENCE ENTRE SAPIN ET ÉPICÉA

Les aiguilles de l'épicéa piquent, pas celles du sapin. Les cônes de l'épicéa pendent, ceux du sapin sont dressés, on ne les trouve pas par terre parce qu'ils se défont quand ils sont encore sur la branche. L'envers des aiguilles des épicéas est vert, l'envers des aiguilles du sapin a deux lignes blanches.

Rameaux d'épicéa

Rameaux de sapin

LES PLANTES CARNIVORES

« *Elle est bizarre cette jolie fleur violette, elle a des insectes collés sur les feuilles. Beurk ! Elle est toute gluante en plus.*
- C'est une grassette commune, une plante carnivore.
- Carnivore ? »

Cette fois, la plante est le prédateur.

Les plantes carnivores ne sont pas des monstres énormes qui dévorent les gros animaux ou même les humains, mais de minuscules plantes qui attrapent des insectes. Les feuilles de la grassette sont visqueuses, collantes. Les innocents insectes se posent dessus tranquillement et ne peuvent plus repartir, complètement englués dans une sorte de bave. Cette bave est un suc digestif comme ceux que nous avons dans notre intestin.

Grassette

Les insectes sont décomposés, puis digérés à la surface de la feuille. Il ne reste que leur carapace. Une petite plante comme la drosera ne nous fait pas peur du tout, mais regardez ses feuilles avec une loupe, c'est quand même la peau d'un monstre. Avec toutes ces pointes rouges et ces gouttes de liquide, elle est épouvantable pour un minuscule insecte.

Les plantes carnivores se trouvent dans des milieux gorgés d'eau où les végétaux morts se décomosent mal. Elles attrappent des insectes, pas par méchanceté, mais pour compenser le manque de nitrates du sol nécessaires à la fabrication de leurs protéines.

Sphaigne

Mousses

À CHACUN SA PLACE

« Elle est jolie cette fleur, maman. On pourrait la planter dans notre jardin.
- Regarde où nous sommes. Où pousse la plante ?
- Sur le petit chemin de la falaise. Elle pousse dans une fissure du rocher.
- À ton avis, pourrait-elle vivre ailleurs que dans la falaise de la forêt ?
- Mais on s'en occuperait bien, on ne la laisserait pas mourrir.
- Il ne suffit pas de la planter dans de la bonne terre, de bien l'arroser, de lui donner de l'engrais. Chez nous, elle mourrait. Elle a besoin d'une falaise pas trop ensoleillée, de très peu de terre et très peu d'eau. Elle ne supporte pas les trop grands froids. Ces conditions-là, elle ne les retrouverait pas chez nous. »

Il ne faut pas cueillir les plantes, ni pour faire des bouquets, ni avec les racines pour les transplanter. Les bouquets fanent vite et c'est triste de trouver sur les chemins des fleurs fanées qu'on a jetées. Dans les jardins, elles ont très peu de chances de survivre parce qu'elles n'y retrouvent jamais les mêmes conditions que chez elles.

Le **pavot du Pays de Galles** pousse dans les bois clairs avec peu de lumière, mais pas trop sombre. Le sol ne doit pas être sec.

Le **lis des Pyrénées** aime la lumière, les sols un peu frais et cailouteux au pied des falaises.

Le **géranium sylvestre** aime les lisières de forêt et les prairies, il n'a pas besoin de trop de lumière mais n'aime pas l'ombre.

La **gentiane acaule** a besoin de beaucoup de lumière et ne supporte pas la compétition avec des plantes plus hautes : elle pousse dans les prairies d'altitude.

L'**anthyllis vulnéraire** a besoin de beaucoup de lumière et de sols secs et calcaires : il aime les rocailles exposées au sud.

Le **muflier** toujours vert pousse dans les falaises de moyenne montagne exposées à l'est.

Certaines mousses et certaines fougères comme cette **langue de cerf** aiment l'ombre, très peu de lumière leur suffit.

Le **gypaète barbu** vit dans les hautes montagnes d'Europe et d'Asie, en Afrique aussi. Il n'a pas spécialement besoin d'altitude, mais il lui faut des paysages découverts pour trouver sa nourriture et des falaises pour nicher.

On trouve l'**aigle royal** dans les montagnes, il n'a pas besoin de haute altitude, mais ailleurs il a été exterminé par les hommes. Il chasse sur un territoire très vaste, de la haute montagne jusqu'au piémont.

Des petits oiseaux vivent en haute montagne, ils nichent au sol : l'**accenteur alpin** niche dans les cailloux et le **Traquet motteux** dans la prairie.

Le **chevreuil** aime les forêts de feuillus en plaine et en moyenne montagne.

La **perdrix grise** vit par terre aux lisières des forêts, dans les haies au bord des champs en plaine. On la trouve aus à la limite supérieure de la forêt en montagne.

Le **merle** se trouve aussi bien dans les jardins, les parcs, les haies des champs et les lisières de forêts en plaine et dans les collines.

L'**épervier** est un rapace forestier, de plaine et des collines. Il vole à toute vitesse au milieu des arbres ou au-dessus de la forêt. Il niche dans un arbre et sort parfois de la forêt pour chasser.

Le **blaireau** habite dans les forêts, les lisières, les bosquets, des plaines et de la moyenne montagne.

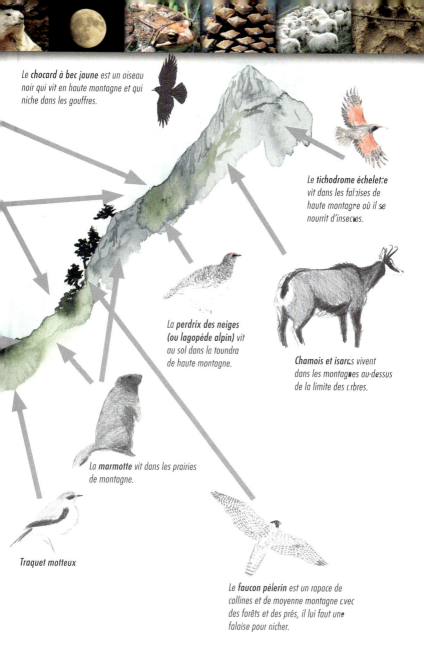

Le **chocard à bec jaune** est un oiseau noir qui vit en haute montagne et qui niche dans les gouffres.

Le **tichodrome échelette** vit dans les falaises de haute montagne où il se nourrit d'insectes.

La **perdrix des neiges (ou lagopède alpin)** vit au sol dans la toundra de haute montagne.

Chamois et isards vivent dans les montagnes au-dessus de la limite des arbres.

La **marmotte** vit dans les prairies de montagne.

Traquet motteux

Le **faucon pèlerin** est un rapace de collines et de moyenne montagne avec des forêts et des prés, il lui faut une falaise pour nicher.

Éboulis

Prairie d'altitude

Cabane de berger

Quartier de granges

Pâturages défrichés

Forêt de feuillus

Village

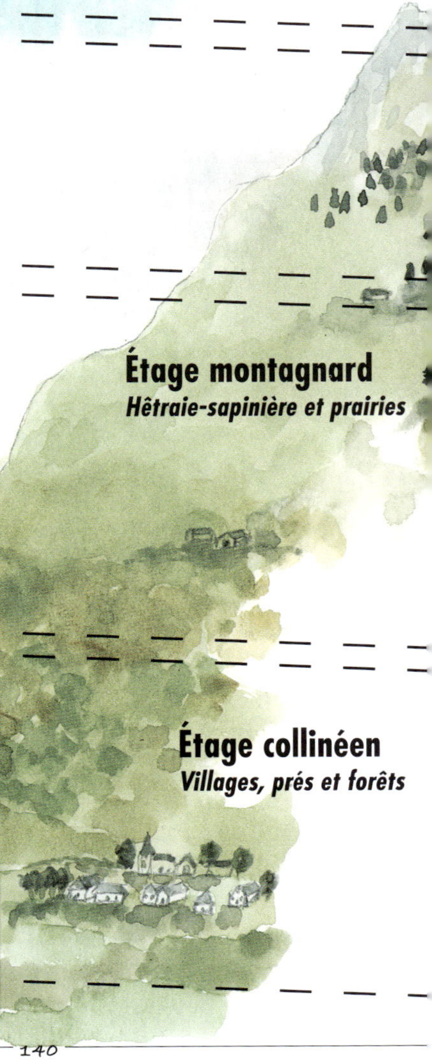

QUAND ON MONTE LE PAYSAGE CHANGE

← SUD

Étage montagnard
Hêtraie-sapinière et prairies

Étage collinéen
Villages, prés et forêts

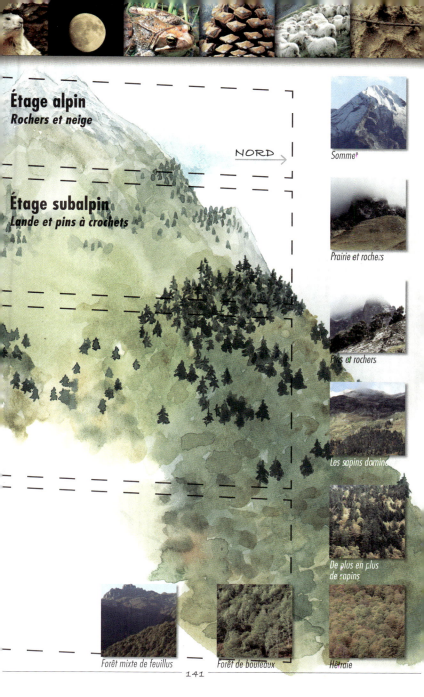

Étage alpin
Rochers et neige

NORD →

Étage subalpin
Lande et pins à crochets

Sommet

Prairie et rochers

Pins et rochers

Les sapins dominent

De plus en plus
de sapins

Forêt mixte de feuillus

Forêt de bouleaux

Hêtraie

ÉTAGE COLLINÉEN
VILLAGES, PRÉS ET FORÊTS

Les prés entourés de haies sur les versants sud des collines du piémont et de la basse montagne sont des pâturages pour les troupeaux. En été, ils sont fauchés pour faire du foin pour l'alimentation des bêtes en hiver. Autrefois, sur une partie de ces terres, on cultivait le blé, l'orge et le seigle.

Sur les versants nord et les pentes abruptes règne la forêt de feuillus : chêne pédonculé, orme de montagne, frêne, tilleul, noisetier, buis, merisier, bouleau... Sans les défrichements des hommes, la forêt couvrirait aussi les prés.

Combien de générations ont suivi ce chemin quand il n'y avait pas de route pour accéder au col et à l'autre vallée ? Il servait quotidiennement d'accès aux champs, mais aussi aux troupeaux en transhumance, aux traîneaux chargés de bois. La vie des montagnards était autrefois bien différente de la nôtre aujourd'hui, sans les routes et les voitures.

Pourquoi le feuillage des arbres s'arrête-t-il parallèlement au sol ? Tiens, c'est amusant : la hauteur correspond à celle des vaches... Le paysage est façonné par les hommes et par leurs troupeaux.

Beaucoup de villages comme celui-là ont été construits sur les versants sud pour profiter au mieux du soleil.

Une forêt de bouleaux presque pure comme celle-là est le signe que la forêt gagne. Il y a de moins en moins de paysans pour entretenir, alors ils abandonnent les prairies les plus difficiles à faucher. Les fougères et les ronces envahissent la pente. Les premiers abres à s'installer sont les bouleaux qui aiment la lumière. Ils se plaisent là parce qu'aucun autre arbre ne leur fait d'ombre. Sous les bouleaux, d'autres arbres (ici des chênes) qui aiment l'ombre et la fraîcheur quand ils sont petits vont s'installer. Quand de nombreux chênes et d'autres feuillus auront grandi, les bouleaux n'aimeront pas l'ombre qu'ils vont créer, ils vont mourir petit à petit. Il y aura de plus en plus de chênes. Les graines de bouleaux tombées dans la forêt ne germeront pas, celles tombées en lisière, à la lumière, donneront de nouveaux bouleaux. C'est comme cela que la forêt avance. Qui a dit que les plantes ne se déplaçaient pas ?

ÉTAGE MONTAGNARD
HÊTRAIE-SAPINIÈRE ET PRAIRIES

Sur les versants sud de l'étage montagnard, des granges permettent de stocker du foin et d'abriter les bêtes. Autrefois, on plantait des frênes à proximité des granges. On utilisait leurs branchages en complément du fourrage quand l'herbe manquait. Au-dessus de la forêt de feuillus, c'est une autre zone de déboisements anciens où d'immenses pâturages sont encore entretenus. Des pistes récentes en facilitent l'accès.

Dans le paysage originel de la montagne, la forêt mixte de feuillus cède progressivement la place à la forêt quasiment pure de hêtres, c'est la hêtraie. Les hêtres aiment la fraîcheur humide et les sols profonds. Dans le bas des versants sud secs et escarpés, on trouve le chêne sessile et le pin sylvestre. Chaque espèce de la montagne a une place particulière.

Plus on monte et plus il y a de sapins, c'est la hêtraie-sapinière. En haut de la forêt, il ne reste plus que des sapins. Le climat est devenu trop rude pour les hêtres. Les hommes ont fait de magnfiques chemins de transhumance dans ce monde sauvage pour accéder à des plateaux pâturages gagnés sur la forêt et aussi aux vastes prairies d'en haut.

Daphné camélé et myrtilles

Dryade

ÉTAGE SUBALPIN
LANDE ET PINS À CROCHETS

Moment magique, nous sortons de la forêt. Qu'y aura-t-il au-dessus ? Des petits arbres rabougris. Pourquoi ce n'est plus la forêt ? Ce sont les hommes qui l'ont coupée ?

Parfois, les hommes l'ont coupée depuis des siècles, mais si la forêt s'arrête, c'est que le climat devient trop rude pour elle : trop froid en hiver, trop de vent, trop de rochers pour s'enraciner. À la limite supérieure de la forêt, les arbres sont plus petits, plus comptacts, parce qu'ils vivent dans des conditions très difficiles, ensuite ils cèdent la place à des arbustes comme les rhododendrons et les alisiers.

Arbustes nains, plantes rampantes et pins, ce n'est plus la forêt, mais une lande avec des pins disséminés ça et là. Le pin à crochets supporte les conditions extrêmes de la haute montagne. Certains d'entre eux sont très âgés. Touchez un de ces arbres, il a connu le grand-père du grand-père du grand-père, du... du berger qui habite ici, il était déjà là à l'époque du roi Henri IV.

Rhododendron et alisier

Saule des Pyrénées

Iris à feuilles larges

Anémone à fleurs de narcisse

Épinards sauvages

ÉTAGE SUBALPIN
PRAIRIES, FLEURS ET CABANES DE BERGERS

Dans le haut de la montagne, où la neige reste très longtemps (jusqu'au mois de juin et même juillet), il n'y a plus d'arbres, seulement la prairie, des rochers, une multitude de fleurs différentes et de nombreux lacs bleus. Les troupeaux passent l'été dans les prairies d'altitude. Autrefois, les cabanes de bergers étaient très sommaires, seulement des murs et un toit, souvent même sans toit, juste une bâche qu'on calait avec des pierres. Aujourd'hui, ce sont sont de vrais petites maisons avec une partie fromagerie.

Une flore particulière pousse autour des cabanes : les plantes des reposoirs. L'ortie et l'épinard sauvage, les principales, supportent l'excès de nitrates causé par la décomposition des crottes des bêtes. On peut repérer les endroits où il y avait une cabane autrefois, même si elle est écroulée depuis longtemps grâce à ces plantes qui y vivent encore, parce que la quantité de crottes déposées pendant des années n'est pas encore épuisée.

ÉTAGE ALPIN ET NIVAL
ROCHERS ET NEIGE

Ici, c'est la haute montagne, il ne reste presque que des rochers, la neige persiste pendant la plus grande partie de l'année. Seules quelques plantes minuscules poussent dans les fissures des rochers, dans chaque creux où un peu de terre a pu s'accumuler.

Le peu de terre où pousse la joubarbe sèche très vite après chaque pluie, alors pour ne pas mourir de soif, elle stocke de l'eau dans sa tige et ses feuilles épaisses. La joubarbe a sa petite réserve d'eau personnelle comme les cactus.

L'érigeron à une fleur, la potentille des neiges et l'edelweiss sont couverts de poils soyeux : c'est pour empêcher l'eau de leurs feuilles de trop s'évaporer.

Au-dessus, c'est l'étage nival : le pays des neiges éternelles. Les seuls êtres vivants qui restent sont des lichens plaqués sur les rochers. Ils sont formés d'une algue et d'un champignon emmêlés l'un dans l'autre, une association d'entraide qu'on appelle une symbiose, pour supporter les conditions de vie les plus extrêmes.

Joubarbe

Potentille des neiges

Érigéron à une fleur

Silène acaule

Gentiane jaune

Linaire des Alpes

POURQUOI LES PLANTES DE MONTAGNE SONT NAINES ?

Plus on monte en altitude et plus les plantes sont naines. La linaire des Alpes, photographiée à 2 300 m d'altitude, ne mesure que quelques centimètres de hauteur et la gentiane jaune à 1 200 m d'altitude dépasse parfois 1 m.

En haute montagne, les conditions de vie sont rigoureuses. Quand on monte en altitude, c'est comme si on allait vers le nord. Il fait plus froid, l'hiver est plus long, il y a plus de neige pendant plus longtemps. En plus, du fait de l'altitude, les plantes sont davantage exposées au vent. La couche d'atmoshère est plus mince et donc le rayonnement du soleil est plus intense. Le soleil plus brûlant dessèche les plantes, mais détruit aussi leurs hormones de croissance en longueur et favorise la grande taille des fleurs.

« Qu'est-ce que c'est les hormones de croissance ?
- C'est un produit chimique que fabrique l'organisme pour donner l'ordre de grandir. Les humains aussi en ont. Si on en manque, on reste nain. Chez les plantes, le soleil détruit les hormones de croissance, pas chez les humains. »

Vous n'avez jamais vu des pommes de terre oubliées trop longtemps dans un placard ? Elles ont des pousses très longues et très maigres. Elles ont manqué de lumière et si elles ont beaucoup grandi, c'est que les hormones de croissance en longueur n'ont pas été détruites.

Quand on plante une linaire des Alpes en plaine, elle devient plus grande, la touffe devient plus grosse, mais quand même jamais aussi haute que la gentiane jaune. La linaire des Alpes a des fleurs proportionnellement très grosses par rapport au reste de la plante, minuscule. Sa forme compacte lui permet

de moins subir le froid et le vent fort, comme nous quand nous nous accroupissons pour résister au vent et garder notre chaleur. Le vent a moins de prise sur elle que sur la gentiane jaune. La petite plante, peu gourmande, supporte d'avoir peu de terre, elle a aussi le temps de grandir pendant le court été. La linaire des Alpes est adaptée à la haute montagne.

Gentiane jaune à 1 000 m d'altitude	*Linaire des Alpes à 2 000 m d'altitude*
SOLEIL	
Rayonnement moins fort Moins de dessèchement Assez d'hormones pour grandir	Rayonnement très fort Fort dessèchement Destruction des hormones de croissance
VENT	
Grâce aux montagnes autour, vent plus faible	Vent très fort sur les crêtes qui casse les plantes et les dessèche
FROID	
Moins froid	Très froid

Entre 1 000 m et 2 000 m d'altitude, la moyenne annuelle des températures baisse de 5,5°.

SAISONS	
Hiver moins long Plus de temps pour grandir	Hiver plus long : 60 à 70 jours de plus 30 % de neige en plus 100 jours de neige en plus Courte période favorable pour pousser
TERRE	
Bonne épaisseur : assez de place pour les racines	Très peu de terre entre les pierres, peu de place pour les racines

LES MOUTONS...

Manex à tête noire (prononcer manech) brebis à lait de la montagne du Pays basque.,,

Manex à tête rousse, brebis à lait de la montagne du Pays basque.

Brebis berrichonne du Cher, brebis à viande très répandue en France.

Mouton Southdown, d'origine anglaise, qu'on trouve un peu partout en France.

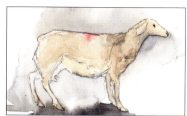

Brebis Lacaune, plus importante race de brebis à lait de France, originaire du sud du Massif central.

Brebis basco-béarnaise, brebis à lait des montagnes du Béarn et de la Soule (est du Pays Basque).

Brebis Suffolk, d'origine anglaise, élevée un peu partout en France.

Mouton charolais, mouton à viande, du nord-est du Massif central, très répandu en France.

... ET LES VACHES

Betizu, vache sauvage du Pays basque. Mais si, il reste encore des vaches sauvages ! Elles n'ont jamais été domestiquées. Autrefois elles étaient chassées comme du gibier, maintenant elles sont protégées, il en reste très peu.

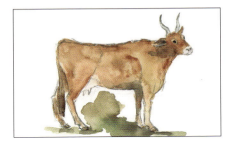

Vache béarnaise ou Blonde des Pyrénées, ancienne race polyvalente : lait, viande et travail des champs (elle tirait la charrue et les charettes quand il n'y avait pas de tracteurs). Elle a de très grandes cornes. En voie de disparition parce que moins productive que des races récentes, mais bénéficie maintenant d'un programme de sauvegarde.

Vache gasconne, belle vache grise, avec les oreilles, le museau et le bout des pattes noires. C'est une ancienne race élevée maintenant pour la viande surtout dans le Sud-Ouest et aussi en Espagne.

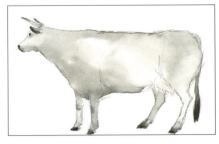

Blonde d'Aquitaine, race récente à viande, créée à partir du regroupement des anciennes races béarnaise, garonnaise et Quercy. Elle a remplacé la béarnaise dans la montagne, c'est elle qu'on voit partout dans le Sud-Ouest. Elle est grande, très dodue, sa viande est très goûteuse et peu grasse.

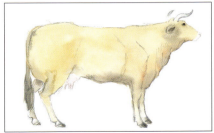

Vache charolaise, race à viande très répandue en France surtout au nord de la Loire. Elle est gris clair comme la Gasconne mais n'a pas les extrémités noires.

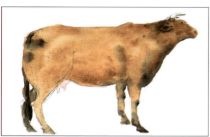

Vache limousine, originaire de l'ouest du Massif central, elle est élevée dans de très nombreuses régions de France pour sa viande délicieuse.

Prim'Holstein, race récente à lait, créée à partir de races d'Europe du Nord. C'est la championne de la production de lait. On la trouve partout en France.

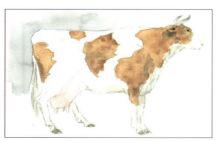

Montbéliarde, race à lait du nord-est de la France, élevée un peu partout en France pour sa rusticité.

BIBLIOGRAPHIE

ROGEZ (Léon), *Les petites bêtes de la campagne,*
Milan jeunesse, coll. Carnets de Nature

TERRASSE (Jean-François), *Les rapaces,*
Milan jeunesse, coll. Carnets de Nature

LISAK (Frédéric), *Mammifères des montagnes,*
Milan jeunesse, coll. Carnets de Nature

BAKER (Niker), *Le naturaliste amateur,*
Delachaux et Niestlé

ALBOUY (Vincent) et FELLONI (Claire),
Guide des curieux de nature, Delachaux et Niestlé

EISENREICH (Wilhelm), HANDEL (Alfred), ZIMMER
(Ute), *Guide de faune et de la flore,* Flammarion

AICHELE (Dietmar), *Quelle est donc cette fleur ?*
Guides nature Nathan

COLLECTIF, *La montagne en poche,*
Guides nature Nathan

MOREL (Jacques), *Les traces d'animaux,*
Delachaux et Niestlé

DARMANGEAT (Pierre), *Les oiseaux,* Éd. de Borée
(Nature en poche)

MAGNAN (Didier), POLESE (Jean-Marie),
Plantes comestibles, Éd. de Borée
(Nature en poche)

DUPERAT (Maurice), POLESE (Jean-Marie),
Les arbres, Éd. de Borée (Nature en poche)

KAYSER (Renée), BAILHOUEY (Pierre),
Copain des bois, Le guide des petits trappeurs,
Milan jeunesse

Et tous les *Copains des... montagnes*
(Pyrénées, Alpes...)

Et maintenant...
Et si on partait sac sur le dos pour découvrir
la forêt, suivre les traces des animaux.
Et si on dormait sous les étoiles — on se raconterait
les histoires de la nuit. On attendrait le lever
du jour, on déjeunerait près du torrent, on pourrait
se baigner et dessiner, manger des framboises.
On écouterait le chant des oiseaux.
On regarderait les arbres, on toucherait leur écorce.
On nommerait vaches et moutons, on apprendrait
des mots nouveaux : biodiversité, photosynthèse.
On pourrait même jouer à être le vent,
à être une abeille. On regarderait vraiment partout
autour de nous.
Et si on partait à l'aventure...

Achevé d'imprimer en mai 2007
sur les presses d'Oberthur Graphique à Rennes